Nederlands in hoofdlijnen

Praktische grammatica voor anderstaligen

THEORIEBOEK

Auteurs

Ineke de Bakker

Marjan Meijboom

Adriaan Norbart

Carla Smits

Sylvia Vink

Tweede druk, eerste oplage, 2005

Wolters-Noordhoff

Ontwerp binnenwerk: G2K, Groningen / Amsterdam.
Ontwerp omslag: 178 Aardige Ontwerpers, Amsterdam.
Opmaak: Harrie van Son & Partners bv, Son/Eindhoven.

222298

ISBN 90 01 10048 1

Inhoud

Woord vooraf 7

Inleiding 9

1   De zin 20
- 1   Hoofdletter en punt 20
- 2   Het subject 20
- 3   Het werkwoord 21
- 4   Het object 22

2   Het werkwoord 24
- 5   Het presens: de tegenwoordige tijd 24
- 6   Het imperfectum: de verleden tijd 26
- 7   Het perfectum: ook verleden tijd 27
- 8   Het d/t-probleem 28
- 9   Het deelwoord zonder 'ge-' 28
- 10   Meer werkwoorden in een zin 29

3   Het substantief en de lidwoorden 32
- 11   Het meervoud 32
- 12   De lidwoorden 33
- 13   Geen lidwoord 34
- 14   'Deze', 'die'/'dit', 'dat' 34
- 15   'Niet' of 'geen' 35

4   Het adjectief 37
- 16   Het adjectief 37
- 17   Vergelijken: geen verschil 37
- 18   Vergelijken: de comparatief en de superlatief 38

5   Pronomina 40
- 19   Pronomina: verwijzen naar personen 40
- 20   Pronomina: verwijzen naar dingen of zaken 43
- 21   Verwijzen met 'die' of 'dat' 43

6   Preposities en woordgroepen 45

22   Preposities en werkwoorden met vaste prepositie 45
23   Woordgroepen 45

7   De hoofdzin 47

24   De woordvolgorde in de hoofdzin 47   **1**
25   Hoofdzin en hoofdzin 49   **1**

8   De vraagzin 51

26   De vraagzin: persoonsvorm op de eerste plaats 51   **1**
27   De vraagzin met een vraagwoord 52   **1**

9   Bijzinnen en conjuncties 54

28   Hoofdzinnen en bijzinnen 54
29   Conjuncties 55
30   'Dat' en 'of' 56

10   De infinitief 58

31   Wel of geen 'te' voor de infinitief 58
32   'Om' + 'te' + infinitief 59

11   Het reflexieve werkwoord en het scheidbare werkwoord 61

33   Het reflexieve werkwoord 61
34   Het scheidbare werkwoord 61

12   Andere soorten bijzinnen 65

35   Relatieve bijzinnen 65
36   Relatieve bijzin met prepositie 66
37   De vraagzin als bijzin 67

13   Het passief 68

38   De vorm van het passief 68

14   Het gebruik van 'er' 71

39   Het verwijzende 'er' 71
40   Het grammaticale 'er' 72

Bijlagen 74
Bijlage 1: De spelling 75
Bijlage 2: Frequente onregelmatige werkwoorden 79
Bijlage 3: Frequente werkwoorden met vaste prepositie 82
Bijlage 4: Aanwijzingen voor het verbeteren van
             schrijfopdrachten 84

Woord vooraf

Over de plaats en het belang van grammatica in het onderwijs Nederlands als tweede taal is altijd discussie geweest. Toch blijkt in de praktijk keer op keer dat er behoefte is aan een beknopte, overzichtelijke en helder geformuleerde theorie, en aan oefeningen die tweedetaalverwervers helpen deze theorie te begrijpen en in de praktijk toe te passen. *Nederlands in hoofdlijnen* voldoet al jaren aan deze behoefte en was inmiddels aan een herziening toe. Aan de uitgangspunten en de opzet is niets veranderd. De theorie is nog iets overzichtelijker gepresenteerd. In het oefeningenboek is het aantal oefeningen uitgebreid, omdat daar in de praktijk soms behoefte aan bleek te bestaan. Daarnaast bevat het herziene oefeningenboek een sleutel, zodat *Nederlands in hoofdlijnen* nu ook bruikbaar is voor zelfstudie.

Nederlands in hoofdlijnen bestaat uit een theorieboek en een oefeningenboek. In deze cursus staat slechts één aspect van de taalvaardigheid centraal: de beheersing van een aantal grammaticaregels van het Nederlands. Inzicht in de grammaticaregels kan een cursist helpen bij de verwerving van een taal. Naar onze mening moet grammatica nooit het belangrijkste onderdeel van een taalles zijn, maar staat de aandacht ervoor altijd in dienst van het verbeteren van de lees-, luister-, spreek- en schrijfvaardigheid. Dat betekent dat *Nederlands in hoofdlijnen* nooit een centrale plaats in een cursus inneemt, maar naast andere methoden Nederlands als tweede taal gebruikt wordt. *Nederlands in hoofdlijnen* past wat dit betreft uitstekend binnen de huidige visie op grammaticaonderwijs die aangeduid wordt met de term *Focus on Form*. Hierbij staan inhoud en betekenis centraal, maar is enige aandacht voor de vorm noodzakelijk. *Nederlands in hoofdlijnen* kan op verschillende manieren worden ingezet: naast een zogenaamde totaalmethode als *Nederlands voor buitenlanders* of *Code*, als apart onderdeel in cursussen waar met ander materiaal gewerkt wordt, maar bijvoorbeeld ook als opfriscursus voor mensen die in een eerder stadium Nederlands hebben geleerd.

Nederlands in hoofdlijnen is bedoeld voor beginnende en halfgevorderde anderstaligen. In termen van het Europees Referentiekader is het boek bruikbaar vanaf de niveaus A1 tot en met B1. Deze cursus is vooral bestemd voor diegenen die enige jaren voortgezet onderwijs hebben gehad (KSE profiel 5 en 6).

Dit theorieboek bestaat uit veertien hoofdstukken. Elk hoofdstuk behandelt één of meer regels van het Nederlands. Aan het eind van elk hoofdstuk worden de regels nog een keer kort en overzichtelijk op een rijtje gezet. Er wordt in dit boek geen compleet overzicht van de Nederlandse grammatica geboden. Het is op de eerste plaats een 'gebruiksgrammatica' en geen 'opzoekgrammatica'. Het doel van deze cursus is dat de gebruiker de hier aangeboden regels leert toepassen. De selectie van de grammaticaregels is totstandgekomen op basis van onze werkzaamheden aan het INTT (het Instituut voor Nederlands als Tweede Taal) van de Universiteit van Amsterdam. Het materiaal is door dit instituut getest.

Het oefeningenboek bevat twee delen: een A-deel voor beginners (CEF-niveau A1 en A2) en een B-deel voor halfgevorderden (CEF-niveau B1). De oefeningen hebben een opbouw van receptief naar meer productief. Vooral in het B-deel staan veel spreekoefeningen waarin de regels in vrijere contexten worden geoefend. We proberen hiermee de stap naar het toepassen van de regels in communicatieve situaties te vergemakkelijken.

Commentaar en tips die voortkomen uit het gebruik van *Nederlands in hoofdlijnen* zijn altijd welkom.

Amsterdam, juni 2005

Ineke de Bakker
Marjan Meijboom

Inleiding

Doelgroep

Nederlands in hoofdlijnen is een grammaticacursus voor volwassen anderstaligen. Het theorieboek biedt een aantal belangrijke regels van de Nederlandse grammatica aan. In het oefeningenboek staan oefeningen op twee niveaus. De cursus is daarom geschikt voor degenen die net zijn begonnen met het leren van het Nederlands en ook voor degenen die het Nederlands al enigszins beheersen. In termen van het Europees Referentiekader is het boek bruikbaar vanaf de niveaus A1 tot en met B1.

Om dit boek te kunnen gebruiken is enig inzicht in de grammatica-regels van de eigen taal of een andere vreemde of tweede taal nodig. Daarom is deze cursus vooral bestemd voor taalcursisten die enige jaren voortgezet onderwijs hebben gevolgd (KSE profiel 5 en 6). We hebben ervoor gekozen zoveel mogelijk de internationale termen te gebruiken in plaats van de Nederlandse, omdat die vaak al bekend zijn bij cursisten. Zo spreken wij van *subject* en *object*, in plaats van *onderwerp* en *lijdend voorwerp*.

Doel

Nederlands in hoofdlijnen is nadrukkelijk een basisgrammatica. In dit boek wordt de Nederlandse grammatica op een heldere, over-zichtelijke manier aangeboden zonder veel uitzonderingen en zon-der veel theoretische achtergrondinformatie. De aangeboden stof is dus beperkt en bestrijkt zeker niet de hele Nederlandse grammatica. Zowel het theorie- als het oefeningenboek is vooral gericht op het leren gebruiken van de grammaticaregels. Er wordt een aantal handzame regels aangeboden, die de cursist moeten helpen bij de productieve taken, spreken en schrijven.

We gaan er niet vanuit dat de aangeboden regels na het doorwerken van deze grammatica perfect worden beheerst. Expliciete aandacht voor grammatica kan een cursist ertoe aanzetten meer open te staan voor de vormelijke kant van een taal. *Nederlands in hoofdlijnen* wil deze aanzet geven. Een grammaticaregel zal in eerste instantie heel bewust worden gebruikt. Op den duur kan dit bewuste gebruik leiden tot het daadwerkelijke verwerven van de regel; de regel wordt dan automatisch toegepast. Voor verwerving van de regels is echter veel meer nodig dan uitleg en oefeningen. Een ruim taalaanbod in de vorm van lees- en luistermateriaal is daarvoor onontbeerlijk.

Omdat *Nederlands in hoofdlijnen* bedoeld is als ondersteuning bij schrijven en spreken, betekent dit dat het in de les slechts een bescheiden plaats inneemt. Het zal altijd in combinatie met een andere methode moeten worden gebruikt.

Het theorieboek

Dit theorieboek bestaat uit veertien hoofdstukken. Er zijn vier bijlagen: informatie over de spelling, een lijst met zeer frequente onregelmatige werkwoorden, een lijst met frequente werkwoorden die een vaste prepositie hebben en een correctiemodel bedoeld voor schrijfopdrachten.

In elk hoofdstuk wordt ingegaan op één of meer regels van het Nederlands. Voorbeeldzinnen maken duidelijk welke regel behandeld gaat worden. Daarna wordt de regel uitgelegd. Deze volgorde biedt de cursist de gelegenheid eerst zelf een bepaalde systematiek te ontdekken. Als de regel vervolgens wordt uitgelegd, is de kans groter dat de cursist hem beter begrijpt.

Elk hoofdstuk wordt afgesloten met een opsomming van de belangrijkste regels van het hoofdstuk. In kaders staan de regels nog eens heel kort geformuleerd. Zo hebben de regels duidelijk het karakter van gebruiksregels die toepasbaar zijn bij taalproductie.

Het oefeningenboek bestaat uit twee delen, een A-deel en een B-deel. Dit theorieboek bestaat uit één deel. Het is de bedoeling dat dit theorieboek twee keer wordt doorgenomen: een keer op het beginnersniveau in combinatie met de A-oefeningen en een keer in combinatie met de B-oefeningen. Wel staat er bij sommige hoofdstukken extra informatie, die alleen bedoeld is voor het halfgevorderdenniveau. Deze stof is ondersteund door een blauw vlak. Dat geldt ook voor het hoofdstuk over 'er'.

Soms staat er in de theorie een ➤ om aan te geven dat er eerst een oefening gemaakt moet worden. Die oefening maakt het mogelijk zelf de regel te ontdekken. Een voordeel van het zelf ontdekken van grammaticaregels is dat deze daardoor beter onthouden worden. In zo'n geval wordt de theorie pas gelezen nadat de afleidoefening gemaakt is.

De bijlage over spelling kan op elk gewenst moment bestudeerd worden, bijvoorbeeld wanneer de oefeningen voor het meervoud of voor het adjectief worden gedaan en spellingskwesties aan de orde komen. Bijlage 2 – de lijst met onregelmatige werkwoorden – hoort bij hoofdstuk 2. Bijlage 3 – de lijst met werkwoorden met een vaste prepositie – hoort bij hoofdstuk 6. Bijlage 4 bestaat uit een correctiemodel voor schrijfopdrachten. De docent kan deze codes gebruiken bij de correctie van schrijfopdrachten. De codes verwijzen naar grammaticale fouten en naar de paragrafen en hoofdstukken in het theorieboek waarin de regels besproken worden. Het is dan ook de bedoeling dat cursisten bij het herschrijven van hun tekst het theorieboek van *Nederlands in hoofdlijnen* gebruiken.

* Overal waar we 'hij', 'cursist' en 'docent' gebruiken, bedoelen we ook 'zij', 'cursiste' en 'docente'.

Opbouw

Hoewel er veel onderzoek is gedaan naar een natuurlijke verwervingsvolgorde van grammaticale regels van het Nederlands, zijn er tot nu toe geen resultaten bekend die het mogelijk maken beslissingen te nemen over een gewenste volgorde voor het aanbieden ervan. Zo kan op grond van onderzoeksresultaten bijvoorbeeld niet besloten worden eerst de scheidbare werkwoorden aan te bieden en pas daarna de relatieve bijzinnen.

Bij het bepalen van de volgorde van de grammaticaregels hebben we ons daarom vooral laten leiden door onze praktijkervaringen: wat zijn in de beginfase van de taalverwerving belangrijke regels om te leren, hoe frequent zijn die regels en – vooral – hoe hanteerbaar dan wel leerbaar zijn ze?

Daarnaast houden we rekening met niveauverschillen tussen individuele cursisten en met het feit dat ze op verschillende momenten aan het verwerven van een bepaalde regel toe zijn. In *Nederlands in hoofdlijnen* worden de regels dan ook *cyclisch* aangeboden: eerst op het beginnersniveau en later op het halfgevorderdenniveau. De kans dat cursisten de regels kunnen oppikken op het moment dat ze eraan toe zijn, neemt hierdoor toe.

Uit praktisch oogpunt bevelen we aan de hoofdstukken in het theorie- en het oefeningenboek wel in de aangeboden volgorde door te werken. Soms is namelijk kennis van de ene grammaticaregel nodig om over de andere te kunnen praten.

Symbolen

Een blik in het theorieboek maakt duidelijk dat het boek vol staat met allerlei symbolen. Dit is gedaan om de herkenbaarheid van enkele belangrijke elementen van de Nederlandse zin te vergroten. Ook wanneer de cursist moeite heeft om de termen (zoals het subject, de persoonsvorm) te onthouden, is het zo toch mogelijk om over de grammatica te praten of te schrijven. De betekenis is de symbolen is als volgt.

◻ = de persoonsvorm (zie voor uitleg hoofdstuk 1)

〰〰〰〰 = het subject (zie voor uitleg hoofdstuk 1)

ooooooooo = de infinitief (zie voor uitleg hoofdstuk 1)

············ = het object (zie voor uitleg hoofdstuk 1)

--------- = het deelwoord (zie voor uitleg hoofdstuk 2)

Extra informatie bij de hoofdstukken

1 De zin

Het doel van hoofdstuk 1 is dat de cursisten een beperkt aantal grammaticale begrippen leren, zodat er in de les wat makkelijker over grammatica gepraat kan worden. De aangeleerde begrippen komen in de volgende hoofdstukken geregeld terug. In hoofdstuk 1 bieden we, aan de hand van de basisstructuur van de Nederlandse zin, alleen de meest essentiële begrippen aan. De regels die in dit hoofdstuk worden aangeboden, simplificeren natuurlijk de werkelijkheid. Zo wordt er voorbijgegaan aan het bestaan van zinnen als 'Dag'.

Belangrijk is dat cursisten het subject en de persoonsvorm in een zin kunnen herkennen. De plaats van het subject en de persoonsvorm in de zinnen komt in hoofdstuk 7 uitgebreid aan bod.

2 Het werkwoord

In dit hoofdstuk worden het gebruik en de vorm van de drie belangrijkste werkwoordstijden, presens, imperfectum en perfectum, uitgelegd. Het plusquamperfectum is buiten beschouwing gelaten, omdat het minder voorkomt en er verwarring kan ontstaan tussen het perfectum en plusquamperfectum.

Het is wenselijk om de theorie en vooral de oefeningen van dit hoofdstuk over een aantal lessen te verdelen.

Bij dit hoofdstuk hoort Bijlage 2, een lijst met een selectie van frequente onregelmatige werkwoorden. De lijst kan gebruikt worden bij het maken van de oefeningen. Uiteindelijk moeten de cursisten de lijst uit het hoofd leren. De oefeningen helpen daarbij.

In dit hoofdstuk staat de theorie over het gebruik van het imperfectum en perfectum in een blauw kader, bedoeld voor het (half)gevorderden niveau. Bij de B-oefeningen zitten enkele oefeningen over dit onderwerp.

3 Het substantief en de lidwoorden

In dit hoofdstuk wordt informatie gegeven over:
– het substantief;
– het lidwoord;
– deze, die, dit en dat (de term 'demonstratief pronomen' bieden wij niet aan);
– niet en geen.

Het is wenselijk om de theorie en vooral de oefeningen uit dit hoofdstuk over een aantal lessen te verdelen.

Bij dit hoofdstuk zitten enkele oefeningen om de meervoudsvormen te oefenen. Voor deze oefeningen is het nodig dat de docent op enkele spellingskwesties ingaat, zoals de verdubbeling van de medeklinker, de spelling van de lange klinker in de open lettergreep, het veranderen van 'f' in 'v' en van 's' in 'z' (zie Bijlage 1).

In de theorie wordt ingegaan op het gebruik van het bepaald en het onbepaald lidwoord en op gevallen waarin geen lidwoord gebruikt wordt. Bij de A-oefeningen wordt dit niet geoefend, bij de B-oefeningen wel. 'De' of 'het' wordt niet behandeld. De cursisten zullen dat vooral in de praktijk moeten leren.

4 Het adjectief

In dit hoofdstuk worden het adjectief, de comparatief en de superlatief besproken. We gaan in op het gebruik van het adjectief vóór een substantief (een *nieuw* boek) en het zelfstandig gebruik ervan (het boek is *nieuw*). Het bijwoordelijk gebruik van adjectieven onderscheiden we niet, omdat het Nederlands geen speciale vorm daarvoor kent. Vergelijk bijvoorbeeld: 'een *slecht* boek' en 'zij ziet *slecht'*.

Bij de toepassing van de e-regel ontstaan natuurlijk enkele problemen met de spelling. De docent kan ervoor kiezen om op dit moment de spelling te behandelen of te herhalen.

5 Pronomina

In dit hoofdstuk wordt informatie gegeven over de verschillende pronomina inclusief 'die' en 'dat' als verwijswoorden. Van het reflexief pronomen wordt in dit hoofdstuk slechts het rijtje met de verschillende vormen gegeven en er wordt nog niet mee geoefend. In hoofdstuk 11 worden de reflexieve werkwoorden en dus ook de reflexieve pronomina uitgebreider behandeld.

Op het beginnersniveau is het wenselijk om de theorie en vooral de oefeningen van dit hoofdstuk over een aantal lessen te verdelen. Op het halfgevorderdenniveau is het niet nodig de theorie uitgebreid te bespreken aangezien cursisten op dat niveau de meeste pronomina al wel zullen kennen.

In de theorie hebben wij geen aandacht besteed aan het verschil tussen 'hen' en 'hun'. Bij de oefeningen vinden wij zowel 'hen' als 'hun' correct. Wij vinden dat de cursisten dit onderscheid niet hoeven te maken, aangezien de meeste Nederlanders deze twee vormen door elkaar gebruiken.

6 Preposities en werkwoordgroepen

Dit hoofdstuk gaat over preposities en woordgroepen. Eerst wordt
het begrip prepositie geïntroduceerd, waarna de theorie over woordgroepen volgt. Het fenomeen woordgroepen is belangrijk voor de
hoofdstukken die volgen over de woordvolgorde.

Bij dit hoofdstuk hoort de bijlage met de meest frequente werkwoorden met vaste prepositie (Bijlage 3). Bij cursisten bleek de
behoefte aan zo'n lijst groot te zijn. Zowel bij de A- als bij de
B-oefeningen is een oefening met deze combinaties opgenomen.

7 De hoofdzin

Dit hoofdstuk bestaat uit twee onderwerpen: de woordvolgorde in
de hoofdzin en het combineren van twee hoofdzinnen. Het is niet
nodig om beide onderwerpen in één les te behandelen.

Op het beginnersniveau is het de bedoeling dat cursisten zelf de
regels voor de woordvolgorde afleiden. In het A-deel van de oefeningen zitten daarom twee afleidoefeningen.

Bij dit hoofdstuk staat een deel van de informatie in een blauw
kader, bedoeld voor het halfgevorderdenniveau. Het betreft hier de
regel dat woordgroepen met een prepositie, vergelijkingen en
om – te – infinitiefconstructies achter de laatste werkwoorden
mogen staan.

8 De vraagzin

Dit hoofdstuk gaat over twee soorten vraagzinnen: de ja/nee-vraag-
zin waarbij het werkwoord op de eerste plaats staat en de vraagzin
met een vraagwoord.

Op het beginnersniveau is het de bedoeling dat cursisten zelf zien
dat de plaats van de werkwoorden in de vraagzin hetzelfde is als in
de al besproken hoofdzin. Daarom zit er in het A-deel van de oefeningen een afleidoefening.

Ook bij de oefeningen in het B-deel voor de halfgevorderden zit een
afleidoefening. Deze oefening betreft de vraagzin met prepositie.

9 Bijzinnen en conjuncties

In dit hoofdstuk worden de woordvolgorde in de bijzin en de betekenissen van een aantal conjuncties besproken.

Op het beginnersniveau geven we de simpele regel dat in de bijzin
alle werkwoorden achteraan staan. Deze regel ontdekken cursisten
zelf door het maken van een afleidoefening.

Bij de halfgevorderden wordt deze theorie uitgebreid. In het blauwe kader in dit hoofdstuk wordt besproken dat achter de laatste werkwoorden een woordgroep met een prepositie of een vergelijking kan staan.

10 De infinitief

Dit hoofdstuk gaat over de infinitief. Aan de orde komen het al dan niet voorkomen van 'te' voor de infinitief en de constructie 'om + te + infinitief'.

Voor de halfgevorderden is ook hier weer extra theorie, namelijk over de combinatie adjectief + om te (*Het is leuk om een feest te geven.*).

In dit hoofdstuk wordt niet uitgelegd dat 'om + te + infinitief' een beknopte bijzin is. Evenmin wordt het perfectum met infinitieven behandeld zoals in constructies als 'Hij *heeft* zijn fiets *laten repareren*.'. De ervaring leert dat het uitgebreid behandelen van deze regel op beginners- of halfgevorderdenniveau meer problemen oproept dan oplost.

11 Het reflexieve werkwoord en het scheidbare werkwoord

Dit hoofdstuk bestaat uit twee onderwerpen: de reflexieve werkwoorden en de scheidbare werkwoorden.

Het reflexieve werkwoord

In hoofdstuk 5 zijn de reflexieve pronomina gegeven. In dit hoofdstuk worden de reflexieve pronomina in samenhang met de reflexieve werkwoorden behandeld en geoefend. In dit hoofdstuk kan ingegaan worden op de plaats van het reflexieve pronomen omdat in voorafgaande hoofdstukken de woordvolgorde is behandeld.

Op het beginnersniveau leiden cursisten de regel voor de plaats van het reflexieve pronomen af met behulp van een afleidoefening.

Het scheidbare werkwoord

We hebben er bewust voor gekozen om op het beginnersniveau de theorie relatief simpel te houden, aangezien dit onderwerp voor veel cursisten vrij moeilijk is. Daarom is een groot deel van de theorie over de scheidbare werkwoorden in een blauw kader gezet voor het halfgevorderdenniveau.

Deze extra stof voor halfgevorderden bestaat uit drie onderdelen. Het eerste deel gaat over werkwoorden die op scheidbare werkwoorden lijken, maar het niet zijn (bijvoorbeeld 'aanvaarden').

In het tweede gedeelte wordt ingegaan op de mogelijke plaatsen van het prefix.

Het derde onderdeel van de extra stof is een overzicht van de mogelijke plaatsen van zowel de infinitief als het deelwoord als het prefix. In feite komen hier de regels die in hoofdstuk 7, 9 en 11 besproken zijn bij elkaar. Dit onderwerp kan in een aparte les besproken worden.

12 Andere soorten bijzinnen

Ook dit hoofdstuk bestaat uit twee onderwerpen: de relatieve bijzin en de vraagzin als bijzin.

De relatieve bijzin

Op het beginnersniveau is het vooral van belang dat de relatieve bijzin in de zin herkend wordt en dat duidelijk wordt wat de functie van de relatieve bijzin is, namelijk het geven van extra informatie bij een woord. De oefeningen in het A-deel zijn dan ook vooral gericht op het herkennen van deze structuur.

In het oefeningenboek zitten voor de halfgevorderden, in het B-deel, meer productieve oefeningen. In de theorie staat wat extra informatie voor het halfgevorderdenniveau in een blauw kader.

De vraagzin als bijzin

Het onderwerp 'de vraagzin als bijzin' is op dit moment niet moeilijk omdat de bijzin en de vraagzin al behandeld zijn.

13 Het passief

In dit hoofdstuk wordt kort de vorm van het passief uitgelegd. Op beginnersniveau hoeft het passief niet uitgebreid te worden behandeld. In dit stadium is het belangrijker dat de cursisten een passief herkennen dan dat ze overal de juiste vorm weten te realiseren.

In het blauwe kader voor halfgevorderden wordt ingegaan op de functie van het passief. Maar ook voor dit niveau hebben we ervoor gekozen om de grammaticale theorie te simplificeren. In de uitleg gaan we voorbij aan het fenomeen 'voorlopig subject'.

14 Het gebruik van er

Dit hoofdstuk hebben we helemaal in een grijs kader gezet. Voor beginners is het weinig zinvol de theorie van 'er' te behandelen. Natuurlijk komen cursisten 'er' regelmatig tegen in leesteksten. Het is wel nuttig om dan in de context te laten zien wat 'er' op die plaats betekent.

Ook voor halfgevorderden is het niet nodig alle functies van 'er' zeer uitgebreid te behandelen en te oefenen. 'Er' zal op den duur verworven worden; taalleerders zullen er in de praktijk 'gevoel' voor ontwikkelen. Dit hoofdstuk is vooral bedoeld om de diverse functies van 'er' overzichtelijk op een rijtje te zetten en cursisten kort te laten focussen op de vorm en functie van 'er'. Een deel van

de oefeningen is gericht op het herkennen van het verwijzende 'er'.
Dit is uiteraard heel belangrijk bij de leesvaardigheid.

Bijlage 1 De spelling
De bijlage over de spelling kan behandeld worden wanneer dit
nodig is ter ondersteuning van de andere hoofdstukken, bijvoorbeeld bij hoofdstuk 2, 3 of 4.

In de eerste paragraaf gaat het onder andere om het verschil tussen
de zogenaamde lange en korte klanken. Eigenlijk gaat het hier niet
zozeer om de lengte van de klank als wel het al dan niet gespannen
zijn van de klank. Toch hebben we hier gekozen voor de traditione-
le termen: lang en kort.

Een docent kan er ook voor kiezen de theorie over de lettergrepen
te laten voor wat hij is, en de cursisten alleen via een paradigma
met duidelijke voorbeelden te laten werken. Op die manier leren de
cursisten via woordbeelden analoge vormen correct te spellen.

Het kunnen herkennen van de klanken is natuurlijk een voorwaarde
voor het goed spellen. Daarom beginnen de oefeningen met een
soort woorddictee. Hieronder volgen deze woorddictees.

A-oefening 1:

1	maan	11	kus
2	man	12	zak
3	boom	13	zaak
4	bom	14	Die jongen heet **Luuk**.
5	bek	15	Die jongen heet **Koen**.
6	beek	16	vies
7	lied	17	vis
8	leed	18	heen
9	Dat meisje heet **Mies**.	19	hen
10	Die jongen heet **Wim**.	20	duur

B-oefening 1:

1	raad	11	boos
2	rat	12	bos
3	boot	13	zaak
4	bot	14	Die jongen heet Ben.
5	boek	15	Die jongen heet Leen.
6	bok	16	kies
7	keek	17	kist
8	hek	18	been
9	Dat meisje heet **Truus**.	19	pin
10	Die jongen heet **Kees**.	20	peen

Voor de halfgevorderden is er ook nog een dictee met zinnen waarin allerlei spellingsproblemen voorkomen. Hierna volgt de tekst van dat dictee. Het is de bedoeling dat de docent dit dictee op een natuurlijke manier voorleest en dus bijvoorbeeld de slot-n niet uitspreekt.

B-oefening 2:
1 Mijn buren bezitten drie katten.
2 Ze klimmen vaak in de bomen in mijn tuin.
3 Vanmiddag zaten ze er ook, ik zag ze zitten.
4 Een kat is rood, een andere is zwart en de derde is wit.
5 De rode is veel groter en dikker dan de zwarte en de witte.
6 Ik had ook een huisdier: een gele parkiet.
7 Op een zonnige dag is mijn vogel door de openstaande ramen naar buiten gevlogen.
8 De meeste katten houden erg veel van vogels.
9 Je kunt de natuur natuurlijk niet veranderen.
10 Maar mijn parkiet is nu dood.

Bijlage 2 Frequente onregelmatige werkwoorden
De werkwoorden in deze lijst hebben we geselecteerd op basis van frequentie. Alleen werkwoorden die tot de 1.000 meest frequente woorden van het Nederlands behoren, zijn in deze lijst opgenomen.

Bijlage 3 Frequente werkwoorden met vaste prepositie
In deze lijst staan frequente werkwoorden die een vaste prepositie bij zich dragen. Je zou je kunnen afvragen of dit niet meer behoort bij vocabulaireverwerving, maar in de praktijk is gebleken dat cursisten grote behoefte hebben aan een dergelijke lijst. Het onderwerp van hoofdstuk 6 (Preposities en woordgroepen) biedt een goede gelegenheid tegemoet te komen aan deze behoefte.

Bijlage 4 Aanwijzingen voor het verbeteren van schrijfopdrachten
In Bijlage 4 staan zestien codes die een docent kan gebruiken bij het nakijken van schrijfopdrachten. De docent corrigeert schrijfopdrachten niet door de fouten te verbeteren, maar geeft met een code aan welk type fout de cursist heeft gemaakt. De cursist verbetert met behulp van de codes zijn eigen schrijfopdracht, schrijft de tekst over en levert die vervolgens weer bij de docent in. De docent controleert of de verbeteringen goed zijn.

Met dit correctiesysteem kan ook duidelijk worden met welke onderdelen van de grammatica individuele cursisten de meeste moeite hebben. Als cursisten keer op keer dezelfde code bij fouten zien staan, is het de bedoeling dat ze het bij de code aangegeven hoofdstuk herhalen.

Natuurlijk hoeven niet alle codes onmiddellijk gebruikt te worden. De docent gebruikt alleen de codes van de al behandelde grammaticaonderdelen. Als bijvoorbeeld de bijzin nog niet behandeld is, verbetert de docent dergelijke woordvolgordefouten nog zelf. Naarmate de cursus vordert, stijgt dus ook het aantal codes dat gebruikt kan worden.

De docent kan ook rekening houden met het niveau van individuele cursisten.

Codes 12 en 13 gaan bijvoorbeeld over de woordvolgorde van de hoofdzin en van de bijzin. Voor een wat meer gevorderde cursist kan code 14 nuttiger zijn. Zo'n cursist is wellicht goed in staat zelf te kijken of het om een hoofdzin of een bijzin gaat.

Een codesysteem is alleen werkbaar als het aantal codes beperkt is. Daarom zijn niet alle grammaticaonderdelen uit het theorieboek in deze codes verwerkt. Zo hebben we bijvoorbeeld niet de regel voor de adjectief-e in de codelijst opgenomen. Deze regel is moeilijk toe te passen omdat je in veel gevallen moet weten of het om een de-woord of een het-woord gaat. Bovendien beïnvloedt zo'n fout in geen geval de begrijpelijkheid van een zin.

De zin

Dit hoofdstuk gaat over eenvoudige zinnen in het Nederlands.

1   Hoofdletter en punt

1 Ik woon nu in Nederland.
2 Deze straat heet Weverstraat.
3 Wij gebruiken dit grammaticaboek.

Dit zijn zinnen: ze beginnen met een **HOOFDLETTER** en eindigen met een **punt (.)**.

2   Het subject

4 Eric ⟨lacht⟩.
5 De stoel ⟨valt⟩.
6 Sarah ⟨zingt⟩.
7 Hij ⟨doet⟩ aan sport.
8 De les ⟨begint⟩ om negen uur.
9 De boeken ⟨liggen⟩ op tafel.

Ook hier zie je weer dat de zin begint met een **HOOFDLETTER** en eindigt met een **punt**. Maar je kunt meer over deze zinnen zeggen:
- In elke zin staat een **werkwoord**:
  zin 4: lacht
  zin 5: valt
  zin 6: zingt
  zin 7: doet
  zin 8: begint
  zin 9: liggen
  Het werkwoord geeft informatie over **wat** er gedaan wordt.

- In elke zin staat ook een **subject**:
  in zin 4: Eric
  in zin 5: De stoel
  in zin 6: Sarah
  in zin 7: Hij
  in zin 8: De les
  in zin 9: De boeken
  Het subject is de persoon die iets doet of het ding dat iets 'doet'.

3 _____ Het werkwoord

10 Abdelhafid kan goed **dansen**.

11 Els zit steeds te **praten**.

12 Tim moet heel hard **werken**.

13 In deze cursus moeten de studenten heel hard **werken**.

Soms staan er in een zin meer werkwoorden:
zin 10: kan – dansen
zin 11: zit – praten
zin 12: moet – werken
zin 13: moeten – werken

'Kan', 'zit', 'moet' en 'moeten' zijn **persoonsvormen**. De persoonsvorm is het werkwoord dat bij het subject hoort.
De persoonsvorm verandert als het subject verandert, bijvoorbeeld bij zin 12 en 13:

enkelvoud: Tim moet

meervoud: de studenten moeten

In hoofdstuk 2 staat welke vormen de persoonsvorm kan hebben.
Ook bij zin 4 tot en met 9 heeft het subject een directe relatie met de persoonsvorm.
Het subject staat steeds direct vóór of direct achter de persoonsvorm: bij zin 4 tot en met 12 staat het subject voor de persoonsvorm, in zin 13 staat het subject direct achter de persoonsvorm.

'Dansen', 'praten' en 'werken' noemen we **infinitieven**. De infinitief is de vorm van het werkwoord zoals die in het woordenboek staat. Als het subject verandert, verandert de persoonsvorm wel maar de infinitief niet. Die houdt dezelfde vorm (zie zin 12 en 13). De infinitief staat in het Nederlands vaak op de laatste plaats in de zin.

14 Thomas   wil   vandaag niet   blijven eten.

15 Els   zal   Tessa vrijdag   opbellen.

Let op:
– In elke zin staat altijd slechts één persoonsvorm, maar er kunnen wel meer infinitieven in staan.
– De persoonsvorm is een vorm van het werkwoord en is dus niet een persoon.

4 Het object

16 Sarah ⌐maakt⌐ haar huiswerk.

17 Tim ⌐ziet⌐ iets.

18 Eric ⌐kent⌐ veel mensen.

19 Els ⌐wil⌐ een brief schrijven.

20 De les ⌐begint⌐.

21 De les ⌐begint⌐ om tien uur.

Bij veel werkwoorden is een subject alleen niet voldoende om een complete zin te maken. Kijk maar naar zin 16. 'Sarah maakt.' is geen goede zin. Je weet dan niet **wat** Sarah maakt. Je hebt meer informatie nodig om deze zin goed te kunnen begrijpen: Sarah maakt haar huiswerk. 'haar huiswerk' is **object**.
Hetzelfde zie je bij zin 17: 'Tim ziet.' is geen complete zin. Er moet een object bij, hier: 'iets'.
Bij veel werkwoorden **moet** je een object gebruiken. Als er bij die werkwoorden geen object staat, dan is de zin niet compleet.

Bij zin 20 en 21 is dat anders. In zin 20 vormt het werkwoord 'begint' samen met het subject wel een complete zin. Er is geen object nodig. Maar je kunt wel extra informatie geven: zie zin 21.

De regels van hoofdstuk 1 zijn:

1

Hoofdletter en **punt**:
Elke zin begint met een HOOFDLETTER en eindigt met een punt.

2

Het subject:
In (bijna) elke zin staat een subject: de persoon die iets doet of het ding dat iets doet.

Eric ⌐lacht⌐.

De stoel ⌐valt⌐.

3
Het werkwoord:
a In (bijna) elke zin staat een **persoonsvorm**: het werkwoord dat bij het subject hoort. De persoonsvorm verandert als het subject verandert.

b In een zin kan behalve een persoonsvorm een **infinitief** staan. Soms bevat een zin meer infinitieven. De infinitief is een vorm van het werkwoord die nooit verandert.

enkelvoud: Tim moet hard werken.

meervoud: De studenten moeten hard werken.

4
Het object:
Bij veel werkwoorden moet je een object gebruiken. Zonder object is een zin met zo'n werkwoord niet compleet.

Eric kent veel mensen.

2 Het werkwoord

Het werkwoord in een zin is heel belangrijk. Het geeft veel informatie:

– Wat wordt er gedaan?
– Wanneer wordt iets gedaan: nu, vroeger of in de toekomst?

Het presens: de tegenwoordige tijd

1 Ik luister naar mooie muziek.

2 Wij drinken een kopje koffie.

3 Hij luistert naar mooie muziek.

4 Sorry, maar zij begrijpen niet wat jij zegt!

5 Volgende week begint Eric met zijn nieuwe baan.

6 Over een halfjaar spreken jullie goed Nederlands.

7 Zij komt uit China.

8 Vegetariërs eten geen vlees.

9 In dit gebouw werken ongeveer honderd mensen.

Je gebruikt het presens in het Nederlands:
– voor iets wat **nu** gebeurt: zin 1, 2, 3, 4;
– voor iets wat in de **toekomst** gebeurt: zin 5, 6;
– voor **feiten/algemene beweringen**: zin 7, 8, 9.

De vormen van de **regelmatige werkwoorden** zijn:

werken			**luisteren**		
ik	werk		ik	luister	
jij		maar: werk je	jij		maar: luister je
u	werk**t**		u	luister**t**	
hij/zij/het			hij/zij/het		
wij			wij		
jullie	werk**en**		jullie	luister**en**	
zij			zij		

Let op: als 'je' achter de persoonsvorm staat, krijgt de persoons-vorm geen 't'.

Er zijn ook werkwoorden die een **onregelmatig presens** hebben.

10 Ik ben twintig, hij is achtentwintig en zij is dertig.

11 Eric heeft een fiets, maar hij wil eigenlijk liever een auto hebben.

12 Hij zal alle nieuwe woorden herhalen.

hebben		**zijn**	
ik	heb	ik	ben
jij	hebt	jij	bent
u	heeft/hebt	u	bent
hij/zij/het	heeft	hij/zij/het	is
wij		wij	
jullie	hebben	jullie	zijn
zij		zij	

willen		**zullen**	
ik	wil	ik	zal
jij	wilt (wil)	jij	zult (zal)
u		u	
hij/zij/het	wil	hij/zij/het	zal
wij		wij	
jullie	willen	jullie	zullen
zij		zij	

mogen		**kunnen**	
ik		ik	kan
jij			
u	mag	jij	kunt (kan)
hij/zij/het		u	
		hij/zij/het	kan
wij		wij	
jullie	mogen	jullie	kunnen
zij		zij	

6 Het imperfectum: de verleden tijd

13 Abdelhafid studeerde vorig jaar in Marokko.

14 Gisteren probeerde ik de nieuwe woorden te leren.

15 Vorige zomer werkte zij drie weken in die winkel.

16 Eric en Tim speelden samen in de tuin.

17 Zij wachtten op de trein naar Roosendaal.

18 Elsje maakte erg veel fouten in deze oefening.

Het imperfectum gebruik je voor iets wat vroeger, in het verleden gebeurd is.

Zo maak je het imperfectum.

Je gebruikt de vorm van het werkwoord in het presens die bij *ik* hoort (de ik-vorm). Daar zet je **de** of **te** achter als het enkelvoud is. Als het meervoud is, zet je er **den** of **ten** achter.

Dus: **ik-vorm + de(n)**   of: **ik-vorm + te(n)**.

spelen		werken	
ik		ik	
jij	speel**de**	jij	werk**te**
u		u	
hij/zij/het		hij/zij/het	
wij		wij	
jullie	speel**den**	jullie	werk**ten**
zij		zij	

Ook bij het imperfectum zijn onregelmatige werkwoorden. Dan gebruik je deze regel niet. Deze onregelmatige werkwoorden staan in Bijlage 2.

19 Gisteren was mijn moeder jarig.

20 Vorig jaar had ik nog geen auto.

Het perfectum: ook verleden tijd

21 Iedereen heeft de teksten goed geleerd.

22 Ik heb vorige zomer tijdens de vakantie in een restaurant gewerkt.

23 Lies heeft het huiswerk niet gemaakt.

24 Vorige zomer ben ik met de boot naar Zweden gegaan.

Voor iets wat vroeger gebeurd is, kun je ook het perfectum gebruiken.

Het perfectum bestaat uit *twee delen*:
1 een persoonsvorm van 'hebben' of 'zijn' en
2 een deelwoord.

Zo maak je het deelwoord:

ge + ik-vorm + d/t

De meeste werkwoorden die in het imperfectum onregelmatig zijn, zijn in het perfectum ook onregelmatig (zie ook Bijlage 2).
Je kunt niet aan de werkwoorden zien of je 'hebben' of 'zijn' als persoonsvorm moet gebruiken in het perfectum. Een regel is: als er een verandering is (bijvoorbeeld van richting), gebruik je 'zijn'.

Vergelijk:
We ⬚hebben⬚ gisteren in het bos gefietst.

We ⬚zijn⬚ gisteren van Amsterdam naar Den Helder gefietst.

Ik ⬚ben⬚ naar het station gelopen.

Hij ⬚is⬚ naar huis gegaan.

8   Het d/t-probleem

wer**te** – gewerk**t**
duur**de** – geduur**d**

Neem de infinitief van het werkwoord.
Streep **-en** aan het eind weg.
Kijk of de laatste letter in **S** o **FT K** e **TCH** u **P** staat.
Ja?   Dan krijg je een *t*.
Nee?   Dan krijg je een *d*.

wer~~ken~~   ⟶   **k** in SoFT KeTCHuP? **JA → t**
imperfectum: ik-vorm + te   ⟶ wer**te**
deelwoord: ge + ik-vorm + t ⟶ gewerk**t**

spe~~len~~   ⟶   **l** in SoFT KeTCHuP? **NEE → d**
imperfectum: ik-vorm + de   ⟶ spee**de**
deelwoord: ge + ik-vorm + d ⟶ gespee**d**

9   Het deelwoord zonder 'ge-'

25 Lies ⬚heeft⬚ mijn woordenboek gebruikt.

26 De les ⬚is⬚ al begonnen.

27 ⬚Heb⬚ je mijn vraag verstaan?

28 Abdelhafid ⬚heeft⬚ gisteren mijn broer ontmoet.

Het deelwoord van werkwoorden die met:
ge-, **be-**, **ver-**, **her-**, **ont-**, **er-** beginnen, krijgt geen 'ge'.

gebruiken ⟶ heeft **gebruikt**
beginnen   ⟶ is **begonnen**
verstaan   ⟶ heeft **verstaan**
ontmoeten ⟶ heeft **ontmoet**
herhalen   ⟶ heeft **herhaald**
erkennen   ⟶ heeft **erkend**

Wanneer gebruik je het imperfectum en wanneer het perfectum?
Het is moeilijk om daar één duidelijke regel voor te geven die
altijd geldt. Er zijn echter wel verschillen tussen het imperfectum
en het perfectum. Hier volgen er twee.

1 Het perfectum gebruik je voor een gebeurtenis die afgelopen is.
  Het imperfectum voor iets wat geen bepaalde tijdsduur heeft,
  voor een gewoonte, een regelmatigheid uit het verleden.

Perfectum: Hij **heeft** rechten **gestudeerd**.
                   Dat huis **is** in 1766 **gebouwd**.

Imperfectum: **Rookte** je vroeger veel?
                   Ja, ik **rookte** zeker twee pakjes per dag.

                   Rembrandt **woonde** en **werkte** een deel van
                   zijn leven in Amsterdam.

2 Het perfectum gebruik je om een onderwerp te introduceren.
  Voor de verdere gedetailleerde beschrijving gebruik je het
  imperfectum. Voor het slot kun je dan weer het perfectum
  gebruiken.

  Vorige zomer **ben** ik in Zweden **geweest**. We **hebben** daar
  gefietst.
  Het landschap **was** prachtig en het **was** erg rustig op de wegen.
  Gemiddeld **fietsten** we zo'n honderd kilometer per dag.
  We **hebben** een heerlijke vakantie **gehad**.

  In de eerste twee zinnen wordt het onderwerp geïntroduceerd.
  Daarna wordt er een precieze beschrijving gegeven. De slotzin
  staat weer in het perfectum.

10   Meer werkwoorden in een zin

Er kunnen op twee manieren meer werkwoorden in een zin staan,
namelijk:
1 persoonsvorm + deelwoord;
2 persoonsvorm + infinitief/infinitieven.

Er staat in een zin altijd maar **één** persoonsvorm!

29 Ik ⎡heb⎤ gewerkt.

30 Tessa en Lies ⎡zijn⎤ naar de film geweest.

31 Els ⎡begint⎤ te werken.

32 Sarah ⎡kan⎤ niet komen werken.

Als de persoonsvorm 'hebben' of 'zijn' is, krijg je een deelwoord.
Als er een andere persoonsvorm is, krijg je bijna altijd een infinitief.

De regels van hoofdstuk 2 zijn:

5
Het **presens** = nu/toekomst/feiten
ik	werk	
je/u/hij/zij/het	wer**kt**	maar: werk je
wij/jullie/zij	wer**ken**	

Ik luister naar mooie muziek.

Jij kent al een beetje Nederlands.

6
Het **imperfectum** = verleden tijd
ik-vorm + te(n)/de(n)

Abdelhafid studeerde vorig jaar in Marokko.

Eric en Tim speelden samen in de tuin.

7
Het **perfectum** = verleden tijd
hebben/zijn + ge + ik-vorm + d/t

Iedereen heeft de teksten goed geleerd.

Lies heeft het huiswerk niet gemaakt.

8
d of **t** bij het imperfectum en het perfectum:
In So**FT** Ke**TCH**uP ? $\longrightarrow$ t

---

werken	wer**kte**	en	gewer**kt**
spelen	speel**de**	en	gespeel**d**

9
Werkwoorden met ge-, be-, ver-, ont-, her-, er- $\longrightarrow$
deelwoord zonder **ge-**

Lies heeft mijn woordenboek gebruikt.

De les is al begonnen.

10

Persoonsvorm hebben/zijn	$\longrightarrow$ 2e werkwoord deelwoord
Andere persoonsvorm	$\longrightarrow$ 2e werkwoord infinitief

Ik heb gewerkt.

Tessa en Lies zijn naar de film geweest.

Els begint te werken.

3 Het substantief en de lidwoorden

Het substantief

de man	de discussie
de liefde	het huis
het geluk	de sigaret
de piano	het woord
het boek	de afstand

Woorden als man, liefde, geluk en piano zijn **substantieven**.
Voor een substantief kun je 'de' of 'het' zetten.

1 De *piano* staat in de kamer.
2 Sarah koopt de *piano*.
3 De *bloemen* staan op de tafel.
4 Thomas krijgt de *bloemen* van ons.
5 In het *huis* woont niemand.

Het substantief kan in de zin verschillende functies hebben:

Het kan **subject** zijn	(zin 1 en 3),
of **object**	(zin 2 en 4),
of iets anders	(zin 5).

Het meervoud

enkelvoud	*meervoud*
het boek	de boeken
de stoel	de stoelen
het huis	de huizen
de man	de mannen
het woord	de woorden
de sigaret	de sigaretten

De meeste substantieven krijgen in het meervoud **-en**. Er zijn ook
substantieven die in het meervoud **-s** krijgen. Dat hangt vaak af van
de laatste klank.

de kamer   de kamers
de jongen   de jongens
het meisje   de meisjes
de tafel   de tafels
de vakantie   de vakanties
de radio   de radio's

Overzicht van veel voorkomende onregelmatige meervoudsvormen:

enkelvoud	meervoud
de dag	de dagen (niet: daggen)
het dak	de daken
het bedrag	de bedragen
de weg	de wegen
de god	de goden
de oorlog	de oorlogen
het lid	de leden
de stad	de steden
het schip	de schepen
-heid	-heden (mogelijkheden)
het ei	de eieren
het kind	de kinderen
het volk	de volkeren

12 _____ De lidwoorden

Bij substantieven hoort bijna altijd een **lidwoord**: *de, het* of *een*.

6 a Gisteren heb ik *een* film gezien.
  b In *de* film zagen we *een* groot bos in India.
  c In *het* bos had men twee kinderen gevonden: *een* jongen en *een* meisje.
  d *De* jongen en *het* meisje waren al twee jaar vermist.
7 a Vorig jaar heb ik op *een* Engelse cursus gezeten.
  b *De* cursus werd georganiseerd door de universiteit.
  c We hadden *een* hele goede docent.
  d We gebruikten *een* boek met teksten en daarnaast lazen we Engelse kranten.
  e We moesten uit *het* boek per week drie teksten lezen.
8 Veel jonge mensen zoeken *een* woning.
9 Tegenwoordig heeft iedereen *een* televisie.

– Is het voor de luisteraar (nog) niet helemaal duidelijk over welke persoon of zaak je spreekt, of spreek je over een persoon of zaak in het algemeen?
Gebruik: **een**.
– Is het voor de luisteraar wel duidelijk over welke persoon of zaak je spreekt?
Gebruik: **de** of **het**.

In zin 6a wordt voor de eerste keer iets gezegd over een film. In dat geval gebruik je **een**. Vanaf dat moment is het onderwerp bekend en praat je over **de** film. Zo gaat het ook met **een** bos > **het** bos, **een** jongen > **de** jongen en **een** meisje > **het** meisje.

In zin 8 en 9 wordt gesproken over **een** woning en **een** televisie in het algemeen.

De of het
Meestal weet je niet welk lidwoord bij een substantief hoort: **de** of **het**. In het meervoud is het makkelijk, dan is het altijd **de**.

de stoel	**de** stoelen
de film	**de** films
het boek	**de** boeken

13 Geen lidwoord
Sommige onbepaalde substantieven krijgen geen lidwoord:

a Een onbepaald substantief in het meervoud.

In de straat staat *een* boom.	In de straat staan bomen.
Hij heeft *een* hond.	Hij heeft honden.

b Een onbepaald substantief dat je niet kunt tellen.

Is er nog *melk* in de ijskast?
Ieder mens houdt van *muziek*.

14 'Deze', 'die'/'dit', 'dat'
10 Gaat *deze* bus naar Haarlem?
   Nee, maar *die* bus wel, daar op de hoek.
11 Is *dit* boek van jou?
   Nee, *dat* boek is van mij, daar op *die* tafel.
12 *Deze* boeken zijn van Sarah en *die* boeken zijn van Tim.

Op de plaats van het lidwoord kunnen de woorden **deze**, **die**, **dit** of **dat** staan. Met deze woorden wijs je met meer nadruk naar een bepaalde persoon of zaak.

		dichtbij	*ver weg*
Bij **de**-woorden (zoals: **de** bus)	$\longrightarrow$	**deze**	**die**
Bij **het**-woorden (zoals: **het** boek)	$\longrightarrow$	**dit**	**dat**

Deze of **dit** gebruik je voor personen of zaken dichtbij.
Die of **dat** gebruik je voor personen of zaken verder weg.

15   'Niet' of 'geen'

Eric geeft *een feest*.	Sarah geeft *geen feest*.
Zij drinken *thee*.	Wij drinken *geen thee*.
Ik leer *Nederlands*.	Thomas leert *geen Nederlands*.
Hier verkoopt men *fietsen*.	Hier verkoopt men *geen fietsen*.
Ik heb *die film* gezien.	Hij heeft die film *niet* gezien.
Kun jij tennissen?	Nee, ik kan *niet* tennissen.
Neem je *de bus*?	Nee, ik neem *niet* de bus maar de tram.

Geen gebruik je voor een onbepaald substantief.
In alle andere gevallen gebruik je **niet**.

De regels van hoofdstuk 3 zijn:

11
Substantieven krijgen in het meervoud -**en** of -**s**.

---

het boek	de boek**en**
het huis	de huiz**en**
de kamer	de kamer**s**

12
Bij substantieven hoort bijna altijd een lidwoord: **de**, **het** of **een**.

een	$\longrightarrow$	de persoon of zaak is bij de luisteraar (nog) niet bekend, men spreekt over een zaak of persoon in het algemeen.
de, het	$\longrightarrow$	de persoon of zaak is bij de luisteraar bekend.

Ik heb gisteren **een** broek gekocht.
De broek is zwart.
Veel mensen hebben **een** computer.

13
In twee gevallen komt er geen lidwoord voor het substantief:
a als een onbepaald substantief in het meervoud staat;
b als je het onbepaalde substantief niet kunt tellen.

In de kast staan **kopjes**.
Els drinkt elke dag **koffie**.
Hij doet **boter** in de pan.

14

	dichtbij	*verder weg*
De-woorden	**deze**	**die**
Het-woorden	**dit**	**dat**

Deze pen is niet van mij, maar **die** pen daar wel.
Dit boek heb ik niet gelezen, maar **dat** boek wel.

15
Voor een onbepaald substantief: $\longrightarrow$ **geen**
In andere gevallen: $\longrightarrow$ **niet**

Eric geeft **een feest**.   Sarah geeft **geen feest**.
Kun jij tennissen?   Nee, ik kan **niet** tennissen.

4 Het adjectief

Het adjectief

1 In de kamer staan een **witte** stoel en een **rode** stoel.
2 Sarah zit op de **rode** stoel.
3 Abdelhafid heeft een **nieuw** huis.
4 Sinds twee maanden woont hij in het **nieuwe** huis.
5 In die buurt staan veel **nieuwe** huizen.
6 Een reis naar Indonesië is **duur**.
7 Het eten in dat restaurant is niet **lekker**.

Woorden als 'rood', 'nieuw', 'interessant' en 'duur' zijn voorbeelden van **adjectieven**.
Adjectieven geven meer informatie over substantieven.
Soms staan adjectieven **voor** een substantief (zin 1 tot en met 5) maar ze kunnen ook **zelfstandig** gebruikt worden (zin 6 en 7).

de rode stoel	het nieuwe huis
een rode stoel	een nieuw huis
rode stoelen	nieuwe huizen
De stoel is rood.	Het huis is nieuw.

Een adjectief krijgt een 'e' aan het eind, behalve als het adjectief:
a voor een onbepaald het-woord staat (een nieuw huis), of
b zelfstandig gebruikt wordt (Het huis is nieuw).

Vergelijken: geen verschil

8 Ik vind Stockholm **even mooi als** Parijs.
9 Deze Renault is ongeveer **even duur als** die Peugeot.
10 Het klimaat in Engeland is **net zo slecht als** dat in Nederland.

Als je twee dingen met elkaar vergelijkt en je vindt dat er geen verschil bestaat, gebruik je de volgende constructie:

even + adjectief + **als** (zin 8 en 9), of
net zo + adjectief + **als** (zin 10)

18 _____ Vergelijken: de comparatief en de superlatief

11 Frankrijk is **groter dan** België.
12 De bevolking groeit tegenwoordig **sneller dan** vroeger.
13 Eric vindt voetballen leuk, maar tennissen vindt hij een **leukere** sport.
14 Amsterdam is de **grootste** stad van Nederland.
15 De tekst over politiek is de **moeilijkste** tekst van dat boek.
16 Alle kamers in dat huis zijn tamelijk groot, maar de woonkamer is **het grootste**.
17 Parijs is ver van Amsterdam. Barcelona is nog **verder,** maar Casablanca is **het verste**.

Als je twee dingen met elkaar vergelijkt en je vindt dat er wel een verschil is, kun je de **comparatief** of de **superlatief** gebruiken.

de comparatief: **adjectief + er (+ dan)**
                   (zin 11, 12, 13)
de superlatief: **adjectief + st(e)**
                   (zin 14, 15, 16, 17)

De comparatief en de superlatief krijgen soms ook een 'e' aan het eind en soms niet. De regels hiervoor zijn precies hetzelfde als die voor het gewone adjectief (zie paragraaf 16).
Bij de superlatief moet **altijd** een bepaald lidwoord gebruikt worden (zin 14 tot en met 17).

Als de superlatief zelfstandig gebruikt wordt (zin 16, 17):
– moet je het lidwoord 'het' gebruiken,
– mag de superlatief met 'e' of zonder 'e' gebruikt worden.

Als een adjectief op een 'r' eindigt (zin 17), dan wordt de vorm van de comparatief: adjectief + **der**.
Dus: ver ⟶ ver**d**er, duur ⟶ duur**d**er.

Er zijn een paar onregelmatige comparatief- en superlatiefvormen die vaak voorkomen:

goed	– beter	– beste
weinig	– minder	– minste
veel	– meer	– meeste
graag	– liever	– liefste

De regels van hoofdstuk 4 zijn:

16

Een adjectief krijgt een '**e**' aan het eind, behalve als het:
a voor een onbepaald het-woord staat;
b zelfstandig gebruikt wordt.

---

de rod**e** stoel	het nieuw**e** huis
een rod**e** stoel	een nieuw huis
rod**e** stoelen	nieuw**e** huizen
De stoel is rood.	Het huis is nieuw.

17

Vergelijken, geen verschil:
    even + adjectief + **als**
of: **net zo** + adjectief + **als**

Ik vind Stockholm **even mooi als** Parijs.
Ik vind Stockholm **net zo mooi als** Parijs.

18

Vergelijken, wel een verschil:
de comparatief: adjectief + **er (+ dan)**
de superlatief: adjectief + **st(e)**
De e-regel is hetzelfde als die voor het gewone adjectief.

Frankrijk is **groter dan** België.
Eric vindt tennissen een **leukere** sport **dan** voetballen.
Amsterdam is de **grootste** stad van Nederland.
De woonkamer is **het grootste**.

5 Pronomina

Pronomina zijn woorden die je gebruikt wanneer je over mensen, dingen of zaken praat. Je wilt ze niet steeds opnieuw noemen. Met **pronomina** verwijs je naar die mensen, dingen of zaken.

Pronomina: verwijzen naar personen

Subject
We hebben in hoofdstuk 1 besproken wat het subject is: de persoon die iets doet of het ding dat iets doet.

1 Sarah leest de krant.

Sarah is de persoon die iets doet. Sarah is het subject. Op de plaats van het subject kunnen de volgende pronomina staan.

		Uitspraak:
Ik	lees de krant.	'k lees de krant.
Je/jij	leest de krant.	
U	leest de krant.	
Hij	leest de krant.	Leest ie de krant?
Ze/zij	leest de krant.	
Men	leest de krant.	
We/wij	lezen de krant.	
Jullie	lezen de krant.	
Ze/zij	lezen de krant.	

Deze pronomina gebruik je dus als subject. Je praat met deze pronomina steeds over mensen. **Je, ze** en **we** zijn de vormen zonder accent. **Jij, zij** en **wij** zijn de vormen met accent.

2 Ben **jij** gezakt voor je rijexamen? Hoe is dat mogelijk? Ik had het van iedereen verwacht, maar niet van jou.
3 Nee, ik kook vandaag niet. Ik vind dat **jij** dat moet doen; ik heb al genoeg gedaan.
4 Nee mevrouw, **wij** zijn nu aan de beurt. We staan hier al een uur en u komt net binnen.

Voor mensen in het algemeen gebruik je 'men' of 'je'.

5 Kun **je** ook met de trein naar Zandvoort?
6 Waar kan **men** informatie over deze cursus krijgen?

Object
Wanneer de pronomina geen subject zijn, gebruik je de volgende vormen:

	Uitspraak:
Thomas ziet me/mij.	
Thomas ziet je/jou.	
Thomas ziet u.	
Thomas ziet hem.	Thomas ziet 'm.
Thomas ziet haar.	Thomas ziet 'r.
Thomas ziet ons.	
Thomas ziet jullie.	
Thomas ziet ze/hen.	

Deze pronomina gebruik je als object en na woorden als 'van', 'met' of 'aan'.

7 Thomas gaat met **hem** naar de bioscoop.

Je praat met deze pronomina ook steeds over mensen. **Me, je** en **ze** zijn de vormen zonder accent. **Mij, jou, hen** en **hun** zijn de vormen met accent.

Possessief

Als je wilt vertellen dat iets het bezit van iemand is, kun je een **possessief pronomen** gebruiken.

		Uitspraak:
mijn	fiets	m'n fiets
je/jouw	fiets	
uw	fiets	
zijn	fiets	z'n fiets
haar	fiets	d'r fiets
onze*	fiets	
jullie	fiets	
hun	fiets	

Deze vormen gebruik je alleen als het substantief erachter staat.
In de andere gevallen gebruik je de pronomina uit het 'objectrijtje'.
Kijk naar het verschil:

mijn boek   – dat boek is van **mij**

Het possessief pronomen kan ook zelfstandig gebruikt worden.
Vergelijk:
Is dit **jouw** jas of is het **de mijne**?

de/het mijne
de/het jouwe
de/het uwe
de/het zijne
de/het hare
de/het onze
de/het hunne

Reflexief

Bij sommige werkwoorden hoort een reflexief pronomen. In het
woordenboek staat bij deze werkwoorden *zich*.

zich schamen

Ik	schaam	**me**
Jij	schaamt	**je**
U	schaamt	**zich**
Hij/Zij	schaamt	**zich**
Wij	schamen	**ons**
Jullie	schamen	**je**
Zij	schamen	**zich**

In hoofdstuk 11 staat meer informatie over de reflexieve werkwoorden.

* Bij een het-woord wordt het **ons**, bijvoorbeeld **ons** boek.

20 _____ Pronomina: verwijzen naar dingen of zaken

Subject
Op de plaats van het subject kunnen de volgende pronomina staan.

Het huis ligt in het centrum.   – Het ligt in het centrum.

De zomer begint op 21 juni.   – Hij begint op 21 juni.

De lessen beginnen vroeg.   – Ze beginnen vroeg.

De regel is:
het-woorden   ⟶ het
de-woorden   ⟶ hij
meervoud   ⟶ ze

Object
Op de plaats van het object kunnen de volgende pronomina staan.

Ik koop het boek.   – Ik koop het.

Ik koop de jas.   – Ik koop hem.

Ik koop de boeken.   – Ik koop ze.

De regel is:
het-woorden   ⟶ het
de-woorden   ⟶ hem
meervoud   ⟶ ze

21 _____ Verwijzen met die of dat

8   Ken jij **de broer van Sarah**? Nee, **die** ken ik niet.
9   Waar zijn **de kinderen**? **Die** zijn nog buiten.
10 Die schrijver heeft **een nieuw boek** geschreven. Heb jij **dat** al
    gelezen?
11 Van wie is **die rode jas**? **Die** is van mij.
12 **Eric komt ook op het feestje.** O, **dat** wist ik niet.
13 Vind jij **boodschappen doen** ook zo vervelend? Nee, **dat** vind
    ik juist leuk.

Met **die** of **dat** kun je ook verwijzen naar iets wat eerder genoemd
is. Naar mensen (zin 8 en 9), naar dingen of zaken (zin 10 en 11)
en naar acties of gebeurtenissen (zin 12 en 13).
Er is geen verschil in vorm tussen subject en object.

Met 'die' en 'dat' geef je soms wat meer accent.
'Die' gebruik je bij personen en bij de-woorden.
'Dat' gebruik je bij acties of gebeurtenissen en bij het-woorden.

De regels van hoofdstuk 5 zijn:

19

verwijzen naar personen:

subject	object	possessief	possessief zelfstandig gebruikt
ik	me/mij	mijn	de mijne
je/jij	je/jou	je/jouw	de jouwe
u	u	uw	de uwe
hij	hem	zijn	de zijne
ze/zij	haar	haar	de hare
men	-	-	-
we/wij	ons	onze/ons	de onze
jullie	jullie	jullie	-
ze/zij	ze/hen	hun	de hunne

20

verwijzen naar dingen of zaken

		subject	object
het-woord	$\longrightarrow$	het	het
de-woord	$\longrightarrow$	hij	hem
meervoud	$\longrightarrow$	ze	ze

21

verwijzen met die of dat

Verwijs je naar personen of de-woorden?
Gebruik **die**.
Verwijs je naar acties, gebeurtenissen of het-woorden?
Gebruik **dat**.

6 Preposities en woordgroepen

Preposities

1 **Tijdens** de vakantie zijn de scholen gesloten.
2 **In** het weekend werk ik **in** een café **in** het centrum **van** de stad.
3 De studenten luisteren **naar** de leraar.
4 Tim koopt bloemen **voor** Els.

Preposities zijn woorden als:

op	van	tussen	onder	naar
tijdens	wegens	voor	aan	tot
bij	in	door	met	achter

5 Dit grammaticaboek **bestaat uit** twee delen.
6 Ik heb heel veel tijd **aan** het huiswerk **besteed**.

Veel werkwoorden hebben een vaste prepositie bij zich, bijvoorbeeld *bestaan uit* of *besteden aan*. In Bijlage 3 staan de meest frequente werkwoorden met vaste preposities. Deze combinaties van werkwoorden en vaste preposities moet je leren. Vaak zul je in het woordenboek moeten opzoeken welke vaste prepositie bij een werkwoord hoort.

Woordgroepen

In de hoofdstukken hiervoor hebben we gezien dat je een zin maakt door verschillende woorden met elkaar te combineren. Zo kun je een zin maken met een substantief en een werkwoord zoals in: 'De docent zwijgt.'

7 <u>De nieuwe woorden</u> staan <u>in de woordenlijst</u>.
    woordgroep   **woordgroep**

8 <u>In het weekend</u> zijn <u>bijna alle universiteiten</u> dicht.
    woordgroep   **woordgroep**

Sommige woorden in een zin vormen een geheel. We noemen dat een **woordgroep**. Vaak beginnen woordgroepen met een prepositie.

De woorden van een woordgroep mogen meestal niet buiten de woordgroep, op een andere plaats in de zin, gebruikt worden. De volgende zin is dus onmogelijk:

9   In zijn het weekend bijna alle universiteiten dicht.

Als je een tekst leest, is het belangrijk om op de woordgroepen te letten. Vaak kun je een moeilijke zin dan beter begrijpen.

10 De door de docent gegeven les was voor een aantal uit verre landen gekomen studenten niet moeilijk.

Als je alle extra informatie uit deze zin haalt, dan staat er:
'De les was voor de studenten niet moeilijk.'

11 Mijn rijke oom uit Amerika koopt altijd enorm veel cadeautjes voor ons.
12 Het door mij gemaakte huiswerk ligt op die grote houten tafel.
13 Ik zit in een groep met diverse andere buitenlandse studenten.
14 Bijna alle klanten van dat restaurant vonden het door de nieuwe kok klaargemaakte eten heel lekker.

Een woordgroep kan heel lang zijn, doordat er tussen het lidwoord of de prepositie en het substantief heel veel extra informatie staat (zie zin 10 tot en met 14).

De regels van hoofdstuk 6 zijn:

22

Preposities zijn woorden als: in, op, voor, tussen, van, aan, onder, wegens, tijdens, enzovoort. Veel werkwoorden hebben een vaste prepositie bij zich. Zie bijlage 3.

In welke stad ben jij geboren?
Deze trein stopt drie keer **tussen** Amsterdam en Utrecht.
Dit grammaticaboek **bestaat uit** twee delen.

23

Een woordgroep is een groep woorden die bij elkaar horen. Ze vormen een geheel.

De kleur van het boek is groen.
De meeste winkels zijn op zaterdag open.
Uit deze door u ingevulde gegevens blijkt dat u met de Nederlandse cursus kunt beginnen.

De hoofdzin

In hoofdstuk 1 hebben we de belangrijkste elementen van een zin besproken.

De woordvolgorde in de hoofdzin

➤ **A1**

1 Eric	begint	volgend jaar met zijn studie.	
2 Vorig jaar	wilde	Tim met zijn studie	beginnen.
3 Tim	wil	dit jaar met zijn studie	beginnen.
4 Vorig jaar	is	Sarah met haar studie	begonnen.
5 Zijn studie	vindt	Thomas nu niet zo leuk.	
6 Waarom	is	Sarah niet in Utrecht	gaan studeren?
7 We	hebben	vroeger in Utrecht	gewoond.
8 Ik	moet	om negen uur op mijn werk	zijn.

– De persoonsvorm en het subject staan altijd zo dicht mogelijk bij elkaar. Het subject staat direct **voor** of direct **achter** de persoonsvorm.

– De persoonsvorm moet altijd op de **tweede** plaats staan. Soms staat het subject op de eerste plaats (zin 1, 3, 7 en 8). Soms staat een ander woord of een andere woordgroep op de eerste plaats (zin 2, 4, 5 en 6). Als het subject niet op de eerste plaats staat, dan staat het dus op de derde plaats.

– Alle andere werkwoorden in de zin staan meestal helemaal **achteraan** (zin 2, 3, 4, 6, 7 en 8).

– **tijd** komt meestal voor **plaats** (zin 7 en 8)

Een zin met deze structuur noemen we een **hoofdzin**. In hoofdstuk 9 wordt nog een ander soort zin besproken: de bijzin.

1	Tim	wil	dit jaar al met zijn studie	beginnen.	
2	Vorig jaar	is	Sarah met haar studie	begonnen.	
3	Waarom	heeft	Sarah niet in Utrecht	gestudeerd?	
4	Abdelhafid	heeft	de taal sneller dan Sarah	geleerd.	
5	Els	kan	net zo hard als Tim	fietsen.	
6	Tim	wil	dit jaar al	beginnen	met zijn studie.
7	Vorig jaar	is	Sarah	begonnen	met haar studie.
8	Waarom	heeft	Sarah niet	gestudeerd	in Utrecht?
9	Abdelhafid	heeft	de taal sneller	geleerd	dan Sarah.
10	Els	kan	net zo hard	fietsen	als Tim.

De infinitief en het deelwoord staan op de laatste plaats (zin 1, 2, 3, 4 en 5).
Achter de infinitief en het deelwoord kunnen staan:
– één woordgroep met een prepositie (zin 6, 7 en 8).
– een vergelijking met 'dan' of 'als' (zin 9 en 10).

In Berlijn ben ik nog nooit geweest, wel in Hamburg.
Dat boek heb ik nog niet gelezen.

Ik heb een nieuwe mobiele telefoon gekocht. Het hele weekend heb ik ermee zitten bellen. Daarom is de batterij nu leeg. Hij moet opgeladen worden.

Effecten van woordvolgorde:
– De woordgroep die op de eerste plaats staat, krijgt meer aandacht.
– De woordgroep die op de eerste plaats staat, sluit vaak aan bij de informatie in de zin ervoor.

25 _____ Hoofdzin en hoofdzin

In hoofdstuk 1 hebben we als eerste kenmerk van een zin genoemd:
een zin begint met een HOOFDLETTER en eindigt met een punt.
Zo'n zin kan je ook langer maken door **twee hoofdzinnen** met
elkaar te combineren.

➤ A3

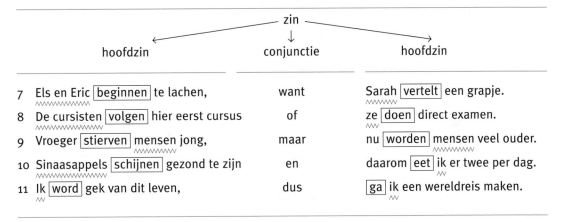

hoofdzin	conjunctie	hoofdzin
7 Els en Eric beginnen te lachen,	want	Sarah vertelt een grapje.
8 De cursisten volgen hier eerst cursus	of	ze doen direct examen.
9 Vroeger stierven mensen jong,	maar	nu worden mensen veel ouder.
10 Sinaasappels schijnen gezond te zijn	en	daarom eet ik er twee per dag.
11 Ik word gek van dit leven,	dus	ga ik een wereldreis maken.

want – of – maar – en – dus worden **conjuncties** genoemd. Alleen
met deze vijf conjuncties kun je twee hoofdzinnen combineren.

11a Morgen wil ik mijn boodschappen doen en ~~morgen~~ zal ik
ook al mijn huiswerk maken.

In de eerste hoofdzin staat hetzelfde woord op de eerste plaats als
in de tweede hoofdzin. Dat woord mag dan weg in de tweede
hoofdzin (zie zin 11b). Soms mogen er meer woorden weggelaten
worden.

11b Morgen wil ik mijn boodschappen doen en zal ik ook al
mijn huiswerk maken.

12a De minister heeft een heel grote fout gemaakt en
~~de minister~~ moet daarom verdwijnen.

12b De minister heeft een heel grote fout gemaakt en moet
daarom verdwijnen.

13a Volgend jaar ga ik Engels studeren of ~~volgend jaar ga ik~~
een nieuwe baan zoeken.

13b Volgend jaar ga ik Engels studeren of een nieuwe baan
zoeken.

De regels van hoofdstuk 7 zijn:

24

De hoofdzin:
a In de hoofdzin staat de persoonsvorm altijd op de tweede plaats.
b In de hoofdzin staat het subject altijd direct **voor** of **achter** de persoonsvorm.
c Alle andere werkwoorden staan meestal achteraan in de zin.

Eric begint volgend jaar met zijn studie.

Vorig jaar wilde Tim met zijn studie beginnen.

25a

Je kunt een **hoofdzin** met een andere **hoofdzin** combineren en er **één zin** van maken. Dit is alleen mogelijk met de volgende conjuncties: **want** – **of** – **maar** – **en** – **dus**.

Els en Eric beginnen te lachen, want Sarah vertelt een grapje.

De cursisten volgen hier eerst een cursus of ze doen direct examen.

25b

Als je twee hoofdzinnen combineert, kun je het volgende doen. Staat in de eerste hoofdzin hetzelfde woord of dezelfde woordgroep op de eerste plaats als in de tweede hoofdzin? Dan mag dat woord in de tweede hoofdzin weg.

Voor jou wil ik graag lekker koken en ~~voor jou~~ doe ik mijn mooiste kleren aan.

Voor jou wil ik graag lekker koken en doe ik mijn mooiste kleren aan.

8 De vraagzin

1 Tegenwoordig roken er veel minder mensen dan een paar jaar geleden.
2 Ik vind Amsterdam de mooiste stad van de wereld.
3 Ben je naar de kapper geweest?
4 Wie is die man daar?
5 Waarom ga je morgen niet met ons mee?
6 Wanneer komt Abdelhafid thuis?

Er is een verschil tussen zin 1 en 2 en de zinnen 3 tot en met 6.
In zin 1 en 2 wordt een mededeling gedaan; men geeft informatie.
De zinnen 3 tot en met 6 zijn voorbeelden van vragen.

Er zijn twee manieren om een vraagzin te maken.

De vraagzin: persoonsvorm op de eerste plaats

7 Begrijp jij nou iets van die grammatica?

Nou nee, ik begrijp er maar weinig van.

8 Beweegt hij wel voldoende?

Jazeker, hij doet drie keer per week aan sport.

9 Ben jij het met me eens?

Ja hoor, ik ben het helemaal met je eens.

Je kunt een vraagzin maken door de persoonsvorm op de eerste plaats te zetten. Het antwoord op dit soort vragen is altijd 'ja' of 'nee'. Soms ontbreekt 'ja' of 'nee', maar dan kun je het er wel bij denken.

27 _____ De vraagzin met een vraagwoord

10 **Wie** is die docent?	– Dat is professor Karels.
11 **Wat** eet je het liefst?	– Nou, ik ben gek op patat.
12 **Welk** boek heb je gekocht?	– O, dat boek van Harry Mulisch.
13 **Welke** fiets is van jou?	– Die gele.
14 **Hoe** ben je hier gekomen?	– Met de fiets natuurlijk!
15 **Hoe laat** ga je naar huis?	– Ik weet het nog niet, maar niet te laat.
16 **Waar** woon je?	– In Alkmaar.
17 **Waarom** is er altijd wel ergens oorlog?	– Dat weet waarschijnlijk niemand.
18 **Wanneer** zijn er weer verkiezingen?	– Over twee jaar.
19 **Met wie** ga je naar de film?	– Met Thomas.
20 **Waarop** wacht je?	– Op het journaal.

In zin 10 tot en met 20 beginnen de vraagzinnen steeds met een vraagwoord. Het antwoord op dit soort vragen is niet 'ja' of 'nee'. Zo vraag je met 'wie' naar een persoon, met 'waarom' vraag je naar een reden, enzovoort.

➤ **B1**

21 ⟶ kijken naar
Naar wie zit je toch steeds te kijken?
Naar die fantastische man daar.

22 ⟶ bang zijn voor
Voor wie is Tim bang?
Voor die vreselijke docent.

23 ⟶ het eens zijn met
Met wie ben je het eens?
Met Sarah.

24 ⟶ kijken naar
Waarnaar zit je te kijken?
Waar kijk je **naar**?
Naar dat huis dat daar te koop staat.

25 ⟶ bang zijn voor
Waarvoor is Eric bang?
Waar is Eric bang **voor**?
Voor muizen.

26 ⟶ het eens zijn met
Waarmee ben je het eens?
Waar ben je het **mee** eens?
Met het idee dat mannen en vrouwen een gelijke behandeling moeten hebben.

Als je een werkwoord gebruikt, waar een prepositie bij hoort:
– gebruik je **prepositie + wie** als je een vraag over een **persoon** stelt.
– gebruik je **waar + prepositie** als je een vraag over een **ding** stelt; **Waar** en de **prepositie** staan heel vaak niet bij elkaar.

De regels van hoofdstuk 8 zijn:

> **26**
> Je kunt een vraagzin maken door de **persoonsvorm op de eerste plaats** te zetten.

Begrijp jij nou iets van die grammatica?

> **27a**
> Je kunt ook een vraagzin maken door een vraagwoord op de eerste plaats te zetten: **wie**, **wat**, **hoe**, **waar**, **waarom**, **wanneer**, **welk**.

Wie is die docent?
Wat eet je het liefst?

> **27b**
> Als je een werkwoord gebruikt waar een prepositie bij hoort:
> – gebruik je **prepositie + wie** als je een vraag over een persoon stelt;
> – gebruik je **waar + prepositie** als je een vraag over een ding stelt.

Voor wie is Tim bang?
Waar kijk je **naar**?

Bijzinnen en conjuncties

➤ **A1**

In hoofdstuk 7 is besproken hoe twee hoofdzinnen met elkaar verbonden kunnen worden. In dit hoofdstuk wordt uitgelegd hoe een hoofdzin met een bijzin verbonden wordt.

28 _____Hoofdzinnen en bijzinnen

	hoofdzin	conjunctie	bijzin
	←	zin ↓	→
1	Sarah 〰 kijkt televisie,	terwijl	Tim het eten 〰 kookt .
2	Gisteren bleef Tim thuis, 〰	omdat	hij ziek 〰 was .
3	Je 〰 moet veel geld hebben, °°°°°°°°°	als	je een huis 〰 wilt kopen. °°°°°°°°
4	Hij 〰 geniet van zijn leven,	sinds	hij met pensioen 〰 is .
5	Eric 〰 begon hard te lachen, °°°°°°°°°	toen	Lies een mop 〰 vertelde .

Conjuncties zoals 'toen', 'terwijl' en 'omdat' verbinden een hoofdzin en een **bijzin**.

Een bijzin geeft extra informatie bij een hoofdzin, bijvoorbeeld de reden waarom iets gebeurt, of de tijd of de voorwaarde (zie paragraaf 29). Een bijzin is een deel van de zin, met een subject en een persoonsvorm.
De volgorde van de woorden in de **hoofdzin** blijft hetzelfde: de persoonsvorm staat op de tweede plaats, het subject staat direct voor of na de persoonsvorm en de andere werkwoorden staan achteraan.

De volgorde van de woorden in de **bijzin** is als volgt:
– alle werkwoorden staan achteraan;
– het subject staat direct na de conjunctie.

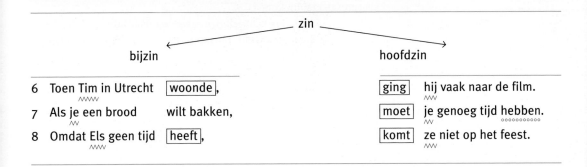

Een bijzin kan achter de hoofdzin staan (zin 1 tot en met 5) of de zin kan beginnen met een bijzin (zin 6 tot en met 8).
Als de zin begint met de bijzin, komt de persoonsvorm van de hoofdzin **direct na** de bijzin. De bijzin vormt hier in feite een woordgroep die op de eerste plaats staat en de persoonsvorm van de hoofdzin staat dus gewoon op de tweede plaats. Vergelijk bijvoorbeeld zin 9 en 10.

	1	**2**	**3**
9	*Wanneer ze niet hoeft te werken,*	gaat	ze zwemmen.
10	*Op zaterdagochtend*	gaat	ze zwemmen.

Let op: een bijzin is een deel van de zin en staat dus nooit alleen. Een bijzin hoort **altijd** bij een hoofdzin.

goed: Sarah kijkt televisie, terwijl Tim het eten kookt.
fout: Sarah kijkt televisie. Terwijl Tim het eten kookt.

29 _____ Conjuncties

De bijzin geeft extra informatie bij de hoofdzin. Je kunt kiezen uit conjuncties met verschillende betekenissen.

Reden, oorzaak:

omdat   Gisteren bleef Tim thuis, **omdat** hij ziek was.
doordat   **Doordat** de docent pas om tien uur kwam, begon de les later.

Tijd:

toen (vroeger)
                Toen Eric nog in Utrecht woonde, ging hij elke dag met de auto naar zijn werk.

als (presens en toekomst)

> **Als** de les is afgelopen, gaan we naar huis.
> **Als** ik vanavond thuiskom, ga ik eerst lekker douchen.

wanneer (presens en toekomst)

> **Wanneer** de les is afgelopen, gaan we naar huis.

terwijl (ongeveer gelijktijdig)

> Sarah kijkt televisie, **terwijl** Tim het eten kookt.

voordat (volgorde van gebeurtenissen)

> Ik poets altijd mijn tanden **voordat** ik naar bed ga.

nadat (volgorde van gebeurtenissen)

> Hij beantwoordt de vragen, **nadat** hij de tekst heeft gelezen.

totdat (tot een bepaalde tijd)

> Ik wacht hier **totdat** jij me komt halen.

sinds (vanaf een bepaalde tijd)

> **Sinds** hij met pensioen is, geniet hij van zijn leven.

zodra (meteen als)

> **Zodra** ik thuiskom, bel ik Eric op.

Voorwaarde:

als   Je moet veel geld hebben, **als** je een huis wilt kopen.

wanneer **Wanneer** je geen rijbewijs hebt, mag je niet autorijden.

Niet-logische relatie:

hoewel   **Hoewel** Tim ziek is, gaat hij toch naar zijn werk.

terwijl Lies zit de hele avond in een café, **terwijl** ze morgen een moeilijk examen heeft.

Gevolg:

zodat   Sarah heeft twee maanden gewerkt, **zodat** ze daarna genoeg geld voor een vakantie had.

30 _____ 'Dat' en 'of'

11 Sarah **zegt dat** Tim naar het feest komt.
12 Ik **denk dat** zij ziek is.
13 Ik **geloof dat** Tietjerksteradeel in Friesland ligt.
14 In zijn brief **schreef** Abdelhafid **dat** hij veel heimwee heeft.
15 Hij **hoopt dat** zijn ouders deze zomer op bezoek komen.
16 Thomas **vraagt of** Tim naar het feest komt.
17 Els **weet niet of** Thomas een auto heeft.

Er zijn twee conjuncties die zelf geen betekenis hebben: 'dat' en 'of'. Ze staan vaak bij werkwoorden als 'denken', 'weten', 'zeggen' en 'vragen'.
Als iets zeker of bijna zeker is, gebruik je 'dat' (zin 11 tot en met 15). Als iets onzeker is, gebruik je 'of' (zin 16 en 17).

Dus:

denken		vragen	
zeggen	dat	niet weten	of
geloven		twijfelen	
weten			

1 Lies begon hard te lachen,	toen	ze Eric gisteren	zag	lopen	met die rare hoed.
2 Ik hoef dat boek niet te kopen,	omdat	Sarah het al	gekocht	heeft	voor mij.
3 Lies heeft heel weinig tijd,	sinds	ze	is	begonnen	met haar studie.
4 Tim heeft de wedstrijd gewonnen,	omdat	hij veel sneller	was		dan Thomas.

In paragraaf 28 staat de regel: in de bijzin staan alle werkwoorden achteraan.
Maar achter de werkwoorden mogen nog wel staan:
– een woordgroep die met een prepositie begint (zin 1 tot en met 3),
– een vergelijking met 'dan' of 'als' (zin 4).

Deze regel is hetzelfde als de regel voor de plaats van de infinitief en het deelwoord in de hoofdzin (zie hoofdstuk 7).

De regel van hoofdstuk 9 is:

28
In de bijzin:
a staan **alle werkwoorden** meestal achteraan;
b staat het subject **direct achter** de conjunctie.

Een bijzin hoort **altijd** bij een hoofdzin.

Je moet veel geld hebben, **als** je een huis wilt kopen.
Toen Tim in Utrecht woonde , ging hij vaak naar de film.

10 De infinitief

In hoofdstuk 2 hebben we gezien dat er op twee manieren meer werkwoorden in de zin kunnen staan:
- persoonsvorm van hebben/zijn   + deelwoord
- andere persoonsvorm   + infinitief/infinitieven

1   Ik ⌐heb⌐ vandaag hard gewerkt.

2   Eric ⌐gaat⌐ in september economie studeren.

Wel of geen 'te' voor de infinitief

3   Els ⌐begon⌐ plotseling te lachen.

4   Eric ⌐zit⌐ in de kantine met zijn vrienden te praten.

5   Sarah ⌐kan⌐ vanavond niet komen.

6   Gisteren ⌐wilde⌐ ik in een restaurant gaan eten.

Soms komt er 'te' voor de infinitief (zin 3 en 4), soms komt er geen 'te' voor de infinitief (zin 5 en 6). Dat hangt af van het werkwoord dat ervoor staat.

Geen 'te':

7   Tim **wil** een huis kopen.   willen

8   Jullie **kunnen** in januari met de cursus beginnen.   kunnen

9   Als je mee wilt, **moet** je om negen uur bij mij zijn.   moeten

10 Ik **zal** morgen voor je koken.   zullen

11 In dit gebouw **mag** je niet roken.   mogen

12 Thomas wil Sarah zijn huiswerk **laten** maken.   laten

13 Ik **ga** nu even boodschappen doen.   gaan

14 Wil je morgen **komen** eten?   komen

15 Thomas zal vanavond bij ons **blijven** slapen.   blijven

16 Ik **hoorde** hen over Eric praten.   horen

17 Gisteren **zagen** we Sarah over de Herengracht lopen.   zien

18 Alle kinderen in Nederland **leren** zwemmen.   leren

Deze twaalf werkwoorden kun je combineren met een infinitief.
Dan gebruik je geen 'te' voor die infinitief.

Wel 'te':
Na alle andere werkwoorden komt er wel 'te' voor de infinitief.
'Te' heeft hier geen betekenis; het is een grammaticaal verschijnsel.

19 Je **hoeft** morgen niet **te** komen.

20 Zijn verhaal **bleek** niet waar **te** zijn.

21 Eric **vergeet** vaak zijn huiswerk **te** maken.

22 Thomas **ligt** 's avonds in bed vaak **te** lezen.

23 Lies **beloofde** zoiets nooit meer **te** doen.

24 Nu kunnen jullie deze oefening **beginnen te** maken.

Let op als er meer dan twee werkwoorden in de zin staan:

– Thomas ｜wil｜ Sarah zijn huiswerk laten maken.

    na 'wil':   infinitief zonder 'te'   ⟶ laten
    na 'laten':   infinitief zonder 'te'   ⟶ maken

– Nu ｜kunnen｜ jullie deze oefening beginnen te maken.

    na 'kunnen':   infinitief zonder 'te'   ⟶ beginnen
    na 'beginnen':   infinitief met 'te'   ⟶ **te** maken

32   'Om' + 'te' + infinitief

25 Eric is naar de stad gegaan **om** boodschappen **te** doen.

26 Hij volgt een cursus **om** beter Engels **te** leren.

27 Lies kwam bij mij **om** het goede nieuws **te** vertellen.

28 **Om** extra geld **te** verdienen, werkt hij nu ook 's avonds.

De constructie '**om + te + infinitief**' heeft vaak wel een betekenis: de constructie kan een doel aangeven. Kijk naar zin 25. Waarom is Eric naar de stad gegaan? Om boodschappen te doen.

'Om + te + infinitief' kan op twee plaatsen staan:
– achteraan in de zin (zin 25, 26, 27);
– op de eerste plaats (zin 28).

Adjectieven kunnen ook met 'om + te + infinitief' gecombineerd worden.

29 Als je jarig bent, is het **leuk om** een feestje **te geven**.
30 Het is heel **vervelend om** grammaticaoefeningen **te maken**.
31 Als het mooi weer is, vind ik het **fijn om** naar het strand **te gaan**.

De regels van hoofdstuk 10 zijn:

31
willen – kunnen – moeten – zullen – mogen – laten – gaan – komen – blijven – horen – zien – leren:

Volgende werkwoord: **infinitief zonder 'te'**.

Na andere werkwoorden: **infinitief met 'te'**.

Jullie **kunnen** in september met de cursus beginnen.

Wil je morgen **komen** eten?

Eric **probeert** goed Nederlands **te** spreken.

Je **hoeft** morgen niet **te** komen.

32a
Een doel aangeven: **om + te + infinitief**

Hij volgt een cursus **om** beter Engels **te leren.**

32b
Je kunt een adjectief combineren met: **om + te + infinitief**

Als je jarig bent, is het **leuk om** een feestje **te geven.**

11 Het reflexieve werkwoord en het scheidbare werkwoord

Het reflexieve werkwoord

33

De **reflexieve werkwoorden** zijn werkwoorden waar een **reflexief pronomen** bij hoort.

Ik vergis	**me**
Jij vergist	**je**
U vergist	**zich**
Hij/Zij vergist	**zich**
Wij vergissen	**ons**
Jullie vergissen	**je**
Zij vergissen	**zich**

Bij nieuwe werkwoorden moet je kijken of het een reflexief werkwoord is of niet. Je leert dus niet: 'vergissen', maar 'zich vergissen'. Kijk naar het subject om de juiste vorm van het reflexief pronomen te kiezen.

➤ A1

Het reflexief pronomen komt altijd na de persoonsvorm óf na het subject.

1 Thomas ⎡voelt⎤ **zich** hier thuis.

2 Thomas wil in Nederland blijven, omdat hij **zich** hier thuis voelt.

3 Gelukkig voelt Thomas **zich** hier thuis.

Het scheidbare werkwoord

34

Scheidbare werkwoorden zijn werkwoorden die uit twee delen bestaan. Je moet soms die twee delen scheiden.

4 opbellen	Morgen **bel** ik je **op**.
5 plaatsvinden	De les **vindt** in zaal 6 **plaats**.
6 uitnodigen	Sarah **nodigt** Tim voor haar feest **uit**.
7 toenemen	De bevolking **neemt toe**.
8 aankomen	De trein **komt** te laat **aan**.
9 voorkomen	**Komt** deze ziekte in Nederland nog **voor**?

Het eerste deel lijkt vaak op een prepositie, zoals **op** in **op**bellen en **uit** in **uit**nodigen. We noemen het eerste deel het **prefix**.

➤ **A3**

10 Tim **belt** Sarah **op**.
11 Tim **belde** Sarah bijna nooit **op**.
12 Tim heeft Sarah net **op**ge**beld**.
13 Tim weigert Sarah nog een keer **op** te **bellen**.

Een scheidbaar werkwoord scheid je:
– als het de persoonsvorm van de hoofdzin is (zin 4 tot en met 11)
– als het een deelwoord is (zin 12)
– als het een infinitief met 'te' is (zin 13)

In de hoofdzin staat het prefix meestal achteraan in de zin
(zin 4 tot en met 11).

In sommige gevallen scheid je scheidbare werkwoorden niet.

14 Tim moet Sarah nu eens **opbellen**.
15 Toen Tim Sarah **opbelde**, zei ze dat ze geen zin had om met
hem te praten.

Een scheidbaar werkwoord scheid je niet:
– als het een infinitief zonder 'te' is (zin 14)
– als het de persoonsvorm in de bijzin is (zin 15)

Er zijn werkwoorden die op scheidbare werkwoorden lijken, maar het niet zijn, bijvoorbeeld 'overtuigen', 'aanvaarden', 'voorkomen', 'overlijden', 'voorspellen'.

16 Sarah **overtuigt** Tim van haar gelijk.
17 De Tweede Kamer **aanvaardt** het wetsvoorstel.
18 Ik **voorkwam** dat Tim van de trap viel.

Als het eerste deel van een werkwoord op een prepositie lijkt (bijvoorbeeld over, aan, voor), dan betekent dat niet automatisch dat het een scheidbaar werkwoord is.

19 Thomas	**nodigt**	Sarah voor zijn feest	**uit**.	
20 Thomas	**nodigt**	Sarah	**uit**	voor zijn feest.
21 Eric	**kwam**	Lies in het café	**tegen**.	
22 Eric	**kwam**	Lies	**tegen**	in het café.
23 Tim	**denkt**	beter	**na**	dan Eric.
24 Tim	**geeft**	ongeveer evenveel geld	**uit**	als Eric.
25 Zij	**staat**	's morgens vroeg	**op**	om naar de les te gaan.

Het prefix staat op de laatste plaats in de zin (zin 19 en 21). Maar:
– achter het prefix kan één woordgroep met een prepositie staan (zin 20 en 22);
– een vergelijking met 'dan' of 'als' moet achter het prefix staan (zin 23 en 24);
– een woordgroep met om + te + infinitief komt achter het prefix (zin 25).

Hieronder volgt een overzicht van de plaats van de infinitief, het deelwoord en het prefix in de zin.

Tim wil dit jaar met zijn studie	beginnen.	
Tim wil dit jaar	beginnen	met zijn studie.
Els heeft economie in Amsterdam	gestudeerd.	
Els heeft economie	gestudeerd	in Amsterdam.
Eric denkt diep over dat probleem	na.	
Eric denkt diep	na	over dat probleem.
Els kan harder dan Thomas	fietsen.	
Els kan harder	fietsen	dan Thomas.
Ik beloof dat ik je voor die afspraak	zal opbellen.	
Ik beloof dat ik je	zal opbellen	voor die afspraak.
Els zegt dat Tim laat in het weekend	opstaat.	
Els zegt dat Tim laat	opstaat	in het weekend.
Ik bel Sarah vaker	op	dan Lies.
Els wil Tim	opbellen	om hem uit te nodigen.
Els belt Tim	op	om hem uit te nodigen.

Zie voor de plaats van de infinitief en het deelwoord ook hoofdstuk 7 en 9.

De regels van hoofdstuk 11 zijn:

33

Bij **reflexieve werkwoorden** moet er een **reflexief pronomen** gebruikt worden.

Kijk naar het subject voor de vorm. Het reflexief pronomen komt altijd na de persoonsvorm óf na het subject.

Thomas voelt **zich** hier thuis.

Herinneren jullie **je** nog wat we gisteren in de les besproken hebben?

34

Een **scheidbaar werkwoord** scheid je:
– als het de persoonsvorm van de hoofdzin is
– als het een deelwoord is
– als het een infinitief met 'te' is

In de hoofdzin staat het prefix achteraan in de zin.

Een scheidbaar werkwoord scheid je **niet**:
– als het een infinitief zonder 'te' is
– als het de persoonsvorm in de bijzin is

Ik **bel** je morgen **op**.
Thomas heeft me voor zijn feest **uit**genodigd.
De directeur **belde** me **op** om me die baan **aan** te **bieden**.

De werkloosheid zal weer **toenemen**.
Als je de tv **aanzet**, moet je de radio **uitdoen**.

12 Andere soorten bijzinnen

We hebben tot nu toe één soort bijzin behandeld. Deze bijzin begint met een conjunctie (zie hoofdstuk 9).

Ik ga met de bus, *omdat mijn fiets gestolen is.*
Eric zal je terugbellen, *zodra hij thuis is.*

Bijzinnen met een conjunctie geven extra informatie **bij een hoofdzin.**
Er zijn nog andere soorten bijzinnen: de relatieve bijzin en de vraagzin als bijzin.

Relatieve bijzinnen

Relatieve bijzinnen geven extra informatie **bij een woord.**

1 <u>De fiets</u> *die daar staat,* is van Thomas.
2 <u>Het boek</u> *dat ik lees,* komt uit de bibliotheek.
3 <u>Kinderen</u> *die jonger dan drie jaar zijn,* mogen gratis mee in de bus.
4 Heb je <u>dat Franse meisje</u> nog gesproken *dat vorige week op Erics feestje was?*
5 Ken jij <u>iemand</u> *die met computers kan omgaan?*
6 Vanavond komt er <u>een film</u> op televisie *die ik vorige week in de bioscoop gezien heb.*

De relatieve bijzin in zin 1 geeft bijvoorbeeld extra informatie bij 'de fiets' en de relatieve bijzin in zin 2 bij 'het boek'.

Die gebruik je bij de-woorden (zin 1, 3, 5 en 6). *Dat* gebruik je bij het-woorden (zin 2 en 4).

Binnen de relatieve bijzin kunnen 'die' en 'dat' de functie van subject (zin 1, 3, 4 en 5) of de functie van object (zin 2 en 6) hebben.

Woordvolgorde
– De relatieve bijzin staat direct achter of dichtbij het woord waar de extra informatie over wordt gegeven.

– Als de relatieve bijzin midden in de hoofdzin staat, loopt de hoofdzin gewoon door.

Het boek *dat ik lees*, komt uit de bibliotheek.
Dit dikke boek　　　komt uit de bibliotheek.

De relatieve bijzin is in feite een deel van een woordgroep net als een adjectief.

– De relatieve bijzin is een **bijzin**; de werkwoorden staan dus helemaal achteraan.

36 Relatieve bijzin met prepositie

Als bij het werkwoord in de relatieve bijzin een prepositie hoort, gebruik je geen 'die' of 'dat', maar:
– waar　　　+ prepositie　(bij **dingen**)
– prepositie + wie　　　(bij **mensen**)

7　De film **waarover** Sarah praat, heb ik ook gezien.
8　De film **waar** Sarah **over** praat, heb ik ook gezien.
　　——→ praten **over** de film

9　De trein **waarin** we zitten, stopt niet in Haarlem.
10 De trein **waar** we **in** zitten, stopt niet in Haarlem.
　　——→ zitten **in** de trein

11 Het meisje **over wie** hij praat, zit bij mij in de cursus.
　　——→ praten **over** het meisje

12 De familie **bij wie** hij woont, ken ik heel goed.
　　——→ wonen **bij** de familie

Veel Nederlanders gebruiken in de spreektaal ook bij personen vaak waar + prepositie.

De man **waarmee** ze getrouwd is, komt uit Ierland.

Als een relatieve bijzin bij een plaats hoort, wordt de prepositie vaak weggelaten.

De stad **waar** Thomas woont, was vroeger een belangrijke handelsstad.

37   ## De vraagzin als bijzin

Van een vraagzin kan ook een bijzin worden gemaakt. De vraagzin hoort dan bij een hoofdzin.

13 Kun je zeggen **hoe** laat je vanavond komt?
14 Ik weet niet **waarom** de treinen vandaag niet rijden.
15 Weet jij **waar** het Centraal Station is?
16 Ik heb geen idee **wie** mijn boek gepakt heeft.

Als een vraagzin wordt gebruikt als bijzin, gelden de regels voor de bijzin: alle werkwoorden staan achteraan in de zin.
Bij dit soort bijzinnen gebruik je **geen** conjunctie; het vraagwoord krijgt de functie van een conjunctie.

De regels van hoofdstuk 12 zijn:

35
De relatieve bijzin:
– geeft extra informatie bij een woord en staat daar dichtbij
– kan midden in de hoofdzin staan
– heeft de werkwoorden achteraan

Je gebruikt:
– *die* bij een de-woord
– *dat* bij een het-woord

De fiets **die daar staat**, is van Thomas.
Heb je dat Franse meisje nog gesproken **dat vorige week op Erics feestje was**?

36
Wanneer het werkwoord in de relatieve bijzin een prepositie bij zich heeft, gebruik je:
waar   +   prepositie   ⟶ bij dingen
prepositie +   wie   ⟶ bij mensen

De film **waarover** Sarah praat, heb ik ook gezien.
De familie **bij wie** hij woont, ken ik heel goed.

37
Als een vraagzin niet apart staat maar een déél is van de zin, is het een bijzin.

Ik weet niet **hoe** laat ik vanavond kom.

13 Het passief

In hoofdstuk 1 hebben we gezien dat in elke zin een subject staat:
de persoon die iets doet of het ding dat iets doet.

1 Eric lacht.

2 De stoel valt.

De vorm van het passief

Kijk naar de volgende zinnen:

3 Lies ⟨wordt⟩ volgende week geopereerd.

4 Feesten ⟨worden⟩ vaak op zaterdag georganiseerd.

5 Vroeger ⟨werden⟩ veel producten per boot getransporteerd.

6 Eric ⟨is⟩ vorig jaar drie keer geopereerd.

7 Bij dat bedrijf ⟨zijn⟩ vorige maand driehonderd mensen ontslagen.

In deze zinnen doet het subject niets. We noemen die zinnen:
passieve zinnen.
Je gebruikt in dat geval:
– presens: **worden + deelwoord**   (zin 3 en 4);
– imperfectum: **werden + deelwoord**   (zin 5);
– perfectum: **zijn + deelwoord**   (zin 6 en 7).

Vergelijk:
actieve zin   **passieve zin**
Ik schrijf de brief.   De brief wordt geschreven.
Ik schreef de brief.   De brief werd geschreven.
Ik heb de brief geschreven.   De brief is geschreven.

Als in een passieve zin staat wie iets doet, gebruik je een woordgroep met de prepositie **door**.

8 De keuken ⟨wordt⟩ altijd **door Tim** schoongemaakt.

9 Morgen ⟨wordt⟩ de nieuwe bibliotheek **door de koningin** geopend.

Wanneer gebruik je het passief?

10 Willem van Oranje **is** in 1584 **vermoord**.
11 Als je **bent geopereerd**, mag je meestal een paar weken niet werken.
12 (In een winkel:) **Wordt** u al **geholpen**?
13 De leden van de Tweede Kamer **worden** direct **gekozen**.

A
Als het niet belangrijk is wie de handeling doet of gedaan heeft, gebruik je het passief (zin 10 tot en met 13).

14 Vrouwen en mannen **worden** niet altijd gelijk **behandeld**.
15 Mijn fiets **is gestolen**!
16 Bij dat bedrijf **zullen** honderd werknemers **worden ontslagen**.
17 Deze constructie **wordt** de passiefconstructie **genoemd**.
18 De meeste vliegtuigen **moeten** na ongeveer twintig jaar **worden vervangen**.

B
Als het niet bekend of niet precies duidelijk is wie de actie uit-voert, gebruik je het passief (zin 14 tot en met 18).

19 Er **wordt gebeld**! Dat zullen Sarah en Lies zijn.
20 Er **wordt** vaak **gezegd** dat Nederlanders tolerant zijn.
21 Er **mag** in dit gebouw niet **worden gerookt**.

C
Als er helemaal geen subject in de zin staat, gebruik je **er + passief** (zin 19 tot en met 21).

De regels van hoofdstuk 13 zijn:

38a
Je gebruikt het passief: als het subject de actie van het werkwoord niet uitvoert.

Vormen van het passief:
worden + **deelwoord** (presens)
werden + **deelwoord** (imperfectum)
zijn + **deelwoord** (perfectum)

Lies ⟨wordt⟩ volgende week geopereerd.

Vroeger ⟨werden⟩ veel producten per boot getransporteerd.

Dat boek ⟨is⟩ speciaal voor buitenlandse studenten geschreven.

38b
Je gebruikt het passief:
A   als het niet belangrijk is wie iets doet;
B   als niet bekend of niet precies duidelijk is wie iets doet;
C   als er geen subject is: **er + passief**.

Mijn fiets $\boxed{\text{is}}$ gestolen!

Er $\boxed{\text{wordt}}$ gebeld! Dat zullen Sarah en Lies zijn.

14 Het gebruik van 'er'

In dit hoofdstuk wordt gesproken over het gebruik van 'er'.
Het woordje 'er' heeft twee functies: een verwijzende functie en een grammaticale functie.

Het verwijzende 'er'

Thomas zoekt *zijn* fiets. *Hij* ziet *hem* nergens.
Tim en Sarah komen met de auto. *Zij* parkeren *hem* vlak voor het restaurant.
Kun je een kaartje in de bus kopen? Weet jij *dat*?

Pronomina als zijn, hij, hem, zij, dat, enzovoort noemen we ook wel **verwijswoorden**: woorden waarmee je naar iets of iemand verwijst. (Zie hoofdstuk 5 voor een overzicht.)
Het woordje 'er' kan die functie ook hebben. Met 'er' kun je verwijzen naar plaatsen en naar dingen of zaken.

Verwijzen naar plaats

1 Woon je al lang in Amsterdam?
   Ja, heel lang. Ik ben *er* namelijk geboren.
2 Sarah studeert vaak in de bibliotheek. *Daar* zit ze tegenwoordig bijna elke dag. Ze woont *er* bijna.
3 Wanneer was jij voor de laatste keer in Parijs?
   Eens even denken... Ik was *er* voor het laatst in 2002, of was het 2003?
4 Zie ik het goed? Zitten Eric en Tim in dat café?
   Dat zou wel kunnen, want ze komen *er* zeker twee keer per week.
5 Hoe lang woon jij al in deze buurt?
   O, ik woon *hier* zeker al vijf jaar.

Met het woordje 'er' kun je verwijzen naar plaats.
In zin 1 verwijst 'er' naar Amsterdam. In zin 2 naar de bibliotheek, in zin 3 naar Parijs en in zin 4 naar dat café.
In plaats van 'er' kun je ook 'hier' of 'daar' gebruiken (zin 2 en 5).
'Hier' en 'daar' hebben meer nadruk dan 'er'. 'Hier' verwijst naar iets wat dichtbij is, terwijl 'daar' verwijst naar iets wat verder weg is.

Verwijzen: er + prepositie

6 Wanneer ik een nieuwe cd heb gekocht, luister ik *er* de hele
  avond *naar*.
7 Sarah maakt graag boswandelingen. *Daar* houdt Eric niet *van*,
  dus moet ze dat helaas altijd alleen doen.
8 Waar zouden mijn handschoenen toch kunnen zijn?
  Kijk eens goed. Volgens mij zit je *erop*.
9 Wat vond je van die film?
  Ik zit *er* nog *over* na te denken.
10 *Hier* begrijp ik niets *van*: ik leg mijn boek op tafel, haal even
  koffie en mijn boek is weg.

Als je wilt verwijzen naar een woord waar een prepositie bij hoort,
gebruik je **er + prepositie**. Dat kan alleen bij dingen of zaken.

Ik luister *naar de cd*.   ⟶ Ik luister *ernaar*.
Je zit *op je handschoenen*.   ⟶ Je zit *erop*.
Ik zit nog *over de film* na te   ⟶ Ik zit *er* nog *over* na te denken.
denken.

Wanneer je meer nadruk wilt geven, kun je 'daar' of 'hier' gebruiken (zin 7 en 10).

Verwijzen: er + telwoord

11 Heb jij nog sigaretten? Ja, ik heb *er* nog *drie*.
12 Thomas spaart cd's. Hij heeft *er* zeker *vijfhonderd*.
13 Eric heeft één fiets, terwijl Tim *er drie* heeft.

Met **er + telwoord** verwijs je naar een woord dat je eerder
genoemd hebt.
Ik heb *er* nog *drie*.   ⟶   drie sigaretten
Hij heeft *er* zeker *vijfhonderd*. ⟶   vijfhonderd cd's

40   Het grammaticale 'er'

'Er' in combinatie met een onbepaald subject

14 *Er* is vanavond *een mooie film* op de televisie.
15 Is *er* nog *melk*?
16 *Er* zitten vandaag *weinig studenten* in de kantine.
17 *Er* staat *een politieauto* voor de deur.

Wanneer het subject van de zin onbepaald is, gebruiken we 'er'.

'Er' in een passieve zin zonder subject
18 *Er* wordt tegenwoordig minder gerookt.
19 Werd *er* nog gedanst?
20 *Wordt* er nog gewerkt?

Wanneer er in een passieve zin geen subject aanwezig is, gebruiken we 'er'.

De regels van hoofdstuk 14 zijn:

39
Verwijzend 'er':
a plaats;
b combinatie met prepositie;
c combinatie met telwoord.

Woon je al lang in **Amsterdam**?	Ja, heel lang. Ik ben **er** namelijk geboren.
Wat vond je van **die film**?	Ik zit **er** nog **over** na te denken.
Heb jij nog **sigaretten**?	Ja, ik heb **er** nog **drie**.

40
Grammaticaal 'er':
a onbepaald subject in de zin;
b geen subject in de passieve zin.

Is **er** nog koffie?
Wordt **er** nog gewerkt?

B Bijlagen

Bijlage 1 De spelling

Deze bijlage gaat over de spelling.
Spelling heeft veel te maken met uitspraak.
Als je weet hoe je een woord schrijft, weet je meestal ook hoe je het moet uitspreken. En als je weet hoe je een woord uitspreekt, weet je meestal ook hoe je het moet schrijven.

Vocalen en consonanten

Het Nederlandse alfabet bestaat uit 26 letters:
a b c d e f g h i j k l m n o p q r s t u v w x y z

De a, e, i, o, u en y zijn **vocalen**.
De andere letters (b, c, d, f, enzovoort) zijn **consonanten**.
Met de vocalen kun je verschillende klanken maken:

lange klanken		*korte klanken*	
[aa]	de t**aa**l	[a]	de m**a**n
[ee]	de w**ee**k	[e]	ik z**e**g
[ie]	L**ie**s	[i]	hij z**i**t
[oo]	r**oo**d	[o]	d**o**m
[uu]	d**uu**r	[u]	dr**u**k

andere klanken
[oe] het b**oe**k
[ei] r**ei**zen
      begr**ij**pen
[au] g**au**w
      k**ou**d
[eu] l**eu**k
[ui] gebr**ui**ken

Voor de spelling is vooral het verschil tussen lange klanken en korte klanken belangrijk.

Syllabes

Woorden bestaan uit **syllabes**: stukjes van woorden die bij elkaar horen:

Ne - der - land

ma - ken

be - lang - rijk

uit - spraak

Syllabes kunnen **open** of **gesloten** zijn:

Open syllabes eindigen op een vocaal:

gro - te	hui - zen
ma - ken	du - re
zo - nen	we - ken
kie - zen	

Gesloten syllabes eindigen op een consonant:

maan - den	woor - den
dik - ke	zeg - gen
lief - de	kos - ten
rook - te	dur - ven

A _____ Korte en lange klanken

De spelling van de klank:

Gesloten syllabe, 1 vocaal: de klank is kort.

man	dom
mannen	domme

Gesloten syllabe, 2 vocalen: de klank is lang.

taal	boom
maandag	rooster

Open syllabe, 1 vocaal: de klank is lang.

praten	bomen
rare	rode

Let op: de [ie]-klank wordt altijd als 'ie' geschreven. De spelling verandert niet:

lief	**nie**mand

Let op: een syllabe met een korte klank moet altijd gesloten zijn. Er staat dan vaak een **dubbele consonant**.

man	man**nen**
dom	dom**me**
ik zit	zit**ten**
gek	gek**ke**

B De f/v en de s/z

De v en de z staan nooit aan het einde van een woord of van een syllabe. Je hoort en schrijft dan altijd een f of een s.
De f en de s staan bijna nooit tussen vocalen. Je hoort en schrijft dan bijna altijd een v of een z.

lie**f**	lieve
liefde	liever
ik blij**f**	blijven
boo**s**	boze
huis**kamer**	huizen
ik kie**s**	kiezen

Al deze regels zijn belangrijk bij de substantieven, de adjectieven en de werkwoorden.

Substantieven (zie hoofdstuk 3)

de taal	– de talen	de man	– de man**nen**
de week	– de weken	de les	– de les**sen**
de boom	– de bomen	de zon	– de zon**nen**
het **uur**	– de **uren**	de rug	– de rug**gen**

de brie**f**	– de brieven
het huis	– de huizen

Adjectieven (zie hoofdstuk 4)

raar	– rare	nat	– nat**te**
geel	– gele	gek	– gek**ker**
ziek	– zieke	dik	– dik**ke**
groot	– groter	dom	– dom**me**
duur	– dure	druk	– druk**ker**

lief	– lieve
grijs	– grijze

Werkwoorden (zie hoofdstuk 2)

praten	– ik praat	pakken	– ik pak
nemen	– ik neem	zeggen	– ik zeg
kiezen	– ik kies	zitten	– ik zit
kopen	– ik koop	stoppen	– ik stop
huren	– ik huur	lukken	– het lukt

blijven   – ze blij**ft**
leven   – ik lee**f**
le**z**en   – ik lee**s**
rei**z**en   – ze reist

In de verleden tijd zijn de spellingsregels anders. Bij de verleden tijd van de regelmatige werkwoorden schrijf je altijd:
ik-vorm + de(n)/te(n).
Dus: ik praatte (niet: ik 'prate').
        ik wachtte (niet: ik 'wachte')

De regels van de verleden tijd 'winnen' dus van de spellingsregels.

De regels van bijlage 1 zijn:

A

Korte klank: 1 vocaal: de man - de mannen
Lange klank: 2 vocalen: de boom
Lange klank: 1 vocaal: de bomen

---

de man
de taal
grote
do**mm**e

B

Aan het eind van een woord of syllabe: f/s
Tussen twee vocalen meestal: v/z

---

ik blij**f**   – blijven
lie**f**   – lie**v**e
ik lee**s**   – le**z**en
grij**s**   – grij**z**e

Bijlage 2 Frequente onregelmatige werkwoorden

infinitief	imperfectum	perfectum
bedenken	bedacht	heeft bedacht
beginnen	begon	is begonnen
begrijpen	begreep	heeft begrepen
bekijken	bekeek	heeft bekeken
beschrijven	beschreef	heeft beschreven
besluiten	besloot	heeft besloten
bestaan	bestond	heeft bestaan
betreffen	betrof	heeft betroffen
bevinden	bevond	heeft bevonden
bewegen	bewoog	heeft bewogen
bewijzen	bewees	heeft bewezen
bezitten	bezat – bezaten	heeft bezeten
bieden	bood	heeft geboden
blijken	bleek	is gebleken
blijven	bleef	is gebleven
breken	brak – braken	heeft gebroken
brengen	bracht	heeft gebracht
buigen	boog	heeft gebogen
denken	dacht	heeft gedacht
doen	deed	heeft gedaan
dragen	droeg	heeft gedragen
drijven	dreef	heeft gedreven
drinken	dronk	heeft gedronken
dwingen	dwong	heeft gedwongen
eten	at – aten	heeft gegeten
gaan	ging	is gegaan
gelden	gold	heeft gegolden
genieten	genoot	heeft genoten
geven	gaf – gaven	heeft gegeven
grijpen	greep	heeft gegrepen
hangen	hing	heeft gehangen
hebben	had	heeft gehad
helpen	hielp	heeft geholpen
houden van	hield	heeft gehouden
kiezen	koos	heeft gekozen
kijken	keek	heeft gekeken
klinken	klonk	heeft geklonken
komen	kwam – kwamen	is gekomen
kopen	kocht	heeft gekocht
krijgen	kreeg	heeft gekregen
kunnen	kon – konden	heeft gekund
lachen	lachte	heeft gelachen
laten	liet	heeft gelaten

lezen	las – lazen	heeft gelezen
liggen	lag – lagen	heeft gelegen
lijden	leed	heeft geleden
lijken	leek	heeft geleken
lopen	liep	is/heeft gelopen
moeten	moest	heeft gemoeten
mogen	mocht	heeft gemogen
nemen	nam – namen	heeft genomen
onderzoeken	onderzocht	heeft onderzocht
ontbreken	ontbrak – ontbraken	heeft ontbroken
ontstaan	ontstond	is ontstaan
ontvangen	ontving	heeft ontvangen
opnemen	nam op – namen op	heeft opgenomen
optreden	trad op – traden op	heeft opgetreden
rijden	reed	is/heeft gereden
roepen	riep	heeft geroepen
schenken	schonk	heeft geschonken
scheppen	schiep	heeft geschapen
schieten	schoot	heeft geschoten
schijnen	scheen	heeft geschenen
schrijven	schreef	heeft geschreven
schrikken	schrok	is geschrokken
schuiven	schoof	heeft geschoven
slaan	sloeg	heeft geslagen
slapen	sliep	heeft geslapen
sluiten	sloot	heeft gesloten
spreken	sprak – spraken	heeft gesproken
springen	sprong	is / heeft gesprongen
staan	stond	heeft gestaan
steken	stak – staken	heeft gestoken
sterven	stierf	is gestorven
stijgen	steeg	is gestegen
trekken	trok	heeft getrokken
vallen	viel	is gevallen
vangen	ving	heeft gevangen
verdwijnen	verdween	is verdwenen
vergelijken	vergeleek	heeft vergeleken
vergeten	vergat – vergaten	is/heeft vergeten
verkopen	verkocht	heeft verkocht
verlaten	verliet	heeft verlaten
verliezen	verloor	heeft verloren
verschijnen	verscheen	is verschenen
verstaan	verstond	heeft verstaan
vertrekken	vertrok	is vertrokken
vinden	vond	heeft gevonden
vliegen	vloog	is/heeft gevlogen
voorkomen	kwam voor – kwamen voor	is voorgekomen

• snijden   sneed   heeft gesneden

voorkomen	voorkwam – voorkwamen	heeft voorkomen
vragen	vroeg	heeft gevraagd
werpen	wierp	heeft geworpen
weten	wist	heeft geweten
wijzen	wees	heeft gewezen
winnen	won	heeft gewonnen
worden	werd	is geworden
zeggen	zei	heeft gezegd
zien	zag – zagen	heeft gezien
zijn	was – waren	is geweest
zingen	zong	heeft gezongen
zitten	zat – zaten	heeft gezeten
zoeken	zocht	heeft gezocht
zullen	zou – zouden	
zwijgen	zweeg	heeft gezwegen

Enkele regelmatigheden:

ij – ee – e

(zie: blijken, lijken, kijken, schrijven, wijzen)

i – o – o

(zie: drinken, dwingen, klinken, springen, zingen)

Bijlage 3 _____ Frequente werkwoorden met een vaste prepositie

	afhangen van		opmaken uit
	afwijken van		reageren op
	beginnen met		rekenen op
(zich)	bemoeien met		samenhangen met
	beschikken over	(zich)	schamen voor
	bestaan uit		slagen voor
	besteden aan		strijden voor
(zich)	bezighouden met		toeschrijven aan
	deelnemen aan		twijfelen aan
	genieten van		uitgaan van
	grenzen aan	(zich)	verantwoorden voor
(zich)	hechten aan	(zich)	verbazen over
	horen bij	(zich)	vergissen in
	houden van	(zich)	verheugen op
(zich)	inschrijven voor		verlangen naar
(zich)	interesseren voor		verschillen van
	kijken naar		vertrouwen op
	kennismaken met	(zich)	verwonderen over
	leiden tot	(zich)	verzetten tegen
	lijden aan		voorzien van
	lijken op		wennen aan
	luisteren naar		zoeken naar
	omgaan met		zorgen voor

Bijlage 4 ─── Aanwijzingen voor het verbeteren van schrijfopdrachten

1 Elke zin begint met een hoofdletter en eindigt
   met een punt. ──────────────→ Hoofdstuk **1**
2 In elke zin moet een subject staan. ────→ Hoofdstuk **1**
3 Kijk naar het subject en verander de
   persoonsvorm. ──────────────→ Hoofdstuk **2**
4 De vorm van dit werkwoord is fout. Kijk
   eventueel naar de andere werkwoorden. ──→ Hoofdstuk **2**
5 Is dit werkwoord regelmatig of onregelmatig? ──→ Hoofdstuk **2**
6 Moet dit werkwoord in het presens of in de
   verleden tijd? Kijk naar de rest van de zin of
   de rest van de tekst. ──────────→ Hoofdstuk **2**
7 Hier is een werkwoord vergeten. Moet hier een
   persoonsvorm, een deelwoord of een
   infinitief staan? ──────────────→ Hoofdstuk **2**
   en **10**
8 Moet dit substantief enkelvoud of meervoud
   zijn? ──────────────────→ Hoofdstuk **3**
9 Gebruik hier een (ander) lidwoord. Moet hier
   een bepaald, een onbepaald of geen lidwoord
   staan? ─────────────────→ Hoofdstuk **3**
10 Dit pronomen is fout. Is het subject of object of
   moet het een possessief pronomen zijn? ───→ Hoofdstuk **5**
11 Gebruik hier een (andere) prepositie. ────→ Hoofdstuk **6**
12 Dit is een hoofdzin. Kijk naar de woordvolgorde.
   Waar moeten de persoonsvorm, het subject en de
   andere werkwoorden staan? ────────→ Hoofdstuk **7**
13 Dit is een bijzin. Kijk naar de woordvolgorde.
   Waar moeten het subject en de werkwoorden
   staan? ─────────────────→ Hoofdstuk **9**
   en **12**
14 Is dit een hoofdzin of een bijzin? Zet de woorden
   op de juiste plaats. ─────────────→ Hoofdstuk **7**
   en **9**
15 De spelling is niet juist.
16 Dit woord/deze zin is niet duidelijk. Schrijf dit anders op.

Verantwoording

Omslag en foto's:
Arjan de Jagger, s'Gravezande